Neik

Zu diesem Buch

Das Opfer muß die Folgen tragen. Alle Kinder brauchen Liebe, körperliche Zärtlichkeit und emotionale Wärme. Alle Mädchen brauchen Anerkennung ihrer Weiblichkeit, um zuversichtlich in ihr späteres Leben als Frau hineinwachsen zu können. Wenn ihnen statt dessen sexuelle Gewalt begegnet, wenn sie in der eigenen Familie als Sexualobjekt benutzt werden, entstehen Verletzungen, an denen die Frauen oft lebenslang zu tragen haben. Zwei Expertinnen erstellten für den Deutschen Jugendbericht 1983 ein Gutachten über sexuellen Mißbrauch in der Familie. In diesem Buch beschreiben sie darüber hinaus, was sie in langen Einzelgesprächen von den Betroffenen erfuhren. Die meisten Fälle von sexuellem Mißbrauch betreffen Mädchen, die meisten Täter sind in der allernächsten Umgebung des Opfers zu suchen. Diese schreckliche Wahrheit will freilich niemand wissen. Auch die Betroffenen schweigen, weil sie nicht auf Hilfe hoffen können.

«Väter gelten nicht als Täter, sondern als Beschützer. Das vergrößert Vertrauensseligkeit und Unbefangenheit der Mädchen, aber auch – wenn wirklich etwas passiert – ihren Schock, ihre Schuldgefühle, ihre Ratlosigkeit. In welche Worte sollen sie das Unfaßbare auch fassen? Das Verschweigen des Mißbrauchs vergrößert den Handlungsspielraum der Täter. Sie müssen kaum Angst haben, daß ihre Taten entdeckt, daß sie zur Rechenschaft gezogen werden.»

Barbara Kavemann, Jahrgang 1949, Sozialwissenschaftlerin, arbeitet seit 1973 im Berliner Frauenzentrum und in verschiedenen Frauenprojekten mit, so auch bei der Begleitforschung des Berliner Frauenhauses. Seit Erscheinen dieses Buches überwiegend Informations- und Fortbildungsarbeit zum Problem des sexuellen Mißbrauchs. Seit Anfang 1989 wissenschaftliche Begleitung von *Wildwasser* Berlin.

Ingrid Lohstöter, Jahrgang 1950. Nach Knast- und Stadtteilarbeit in der Frauenbewegung engagiert. Von 1977 bis 1986 Rechtsanwältin für Mädchen und Frauen im Familien- und Strafrecht in einem Berliner Rechtsanwältinnenbüro. Seit 1987 Körpertherapeutin für Mädchen und Frauen in dem Frauenprojekt *Spüren – Bewegen – Verändern* bei Freiburg.

Barbara Kavemann / Ingrid Lohstöter

Väter als Täter

Sexuelle Gewalt gegen Mädchen

«Erinnerungen sind wie eine Zeitbombe»

Rowohlt

rororo aktuell – Herausgegeben von
Ingke Brodersen und Hubertus Knabe

Originalausgabe

Frauen aktuell
Begründet von Susanne v. Paczensky

Wir gehen davon aus, daß der Kampf um Menschenrechte notwendig
auch ein Kampf um Frauenrechte sein muß. Wir wissen, daß Frauen
speziellen Formen der Unfreiheit und der Ungerechtigkeit unterworfen
sind, daß ihre Beteiligung am politischen Handeln auf besondere Hindernisse stößt. Diese Hindernisse sichtbar zu machen, wo möglich ab-
zubauen – durch Erfahrungsberichte, Erklärungsversuche und Lö-
sungsvorschläge –, ist das Ziel von «Frauen aktuell».

46.–50. Tausend Februar 1991

Veröffentlicht im Rowohlt Taschenbuch Verlag GmbH,
Reinbek bei Hamburg, Juli 1984
Copyright © 1984 by Rowohlt Taschenbuch Verlag GmbH,
Reinbek bei Hamburg
Alle Rechte vorbehalten
Umschlagentwurf Werner Rebhuhn
Satz Times (Linotron 202)
Gesamtherstellung Clausen & Bosse, Leck
Printed in Germany
780-ISBN 3 499 15250 9

Inhaltsverzeichnis

Einleitung:

Es kann in jeder Familie vorkommen

Der sexuelle Mißbrauch von Kindern durch Erwachsene ist eine Form von Gewalt, die erst jetzt zum Thema in der Öffentlichkeit wird. Bisher wurde allenfalls ab und zu durch Schlagzeilen über «Fälle» berichtet, doch das tatsächliche Ausmaß dieses Kindesmißbrauchs war ebenso unbekannt wie das Erleben und Empfinden der Mädchen, für die sexuelle Bedrängnis und Bedrohung zum Alltag gehören. An den physischen und psychischen Folgen für die betroffenen Kinder bestand kein Interesse, ja es wurde sogar behauptet, solche Folgen gäbe es überhaupt nicht, höchstens ganz ausnahmsweise.

Hier ist umfassende Aufklärung dringend erforderlich. Die Mädchen, die oft jahrelang oder gar die gesamte Kindheit hindurch einsam und verzweifelt der sexuellen Gewalt ausgesetzt waren und sind, benötigen unsere Unterstützung lebensnotwendig.

Die Erkenntnis, daß es Vergewaltigung in der Ehe gibt, beginnt sich langsam durchzusetzen. Darüber, daß sich sexuelle Gewalt in der Familie auch gegen die Töchter richtet, wird nicht gesprochen. Deswegen und auch weil die Mädchen irreführenderweise nur vor dem «fremden Mann» gewarnt werden, geraten sie leicht in eine Falle, in der sie sich vor der unbekannten Gefahr gar nicht schützen können.

In dem Bewußtsein von Mädchen gibt es keine sexuelle Gewalt in der Familie. Väter gelten nicht als Täter, sondern als Beschützer. Dies vergrößert nicht nur Vertrauensseligkeit und Unbefangenheit der Mädchen, sondern auch, wenn dann tatsächlich etwas passiert, ihren Schock, ihre Schuldgefühle und ihre völlige Ratlosigkeit. Die Fähigkeit, sich gegen den «Beschützer» zu wehren, Hilfe zu suchen, die Mutter ins Vertrauen zu ziehen, wird durch diese Unkenntnis verhindert, zumindest vermindert. In welche Worte soll sie das Unfaßbare auch fassen?

Auf der anderen Seite vergrößert das Verschweigen des sexuellen Mißbrauchs den Handlungsspielraum der Väter. Sie müssen so gut wie keine Angst haben, daß ihre «Taten» entdeckt, daß sie zur Rechenschaft gezogen werden.

Es ist auch eine Tatsache, daß selbst die allernächste Umwelt des Mädchens seine Signale und Hilferufe nicht hört, nicht versteht oder aus Unkenntnis und Überforderung nicht verstehen will. Da dem Mädchen niemand hilft und sich auch niemand anbietet, den ein Mädchen ins Vertrauen ziehen könnte, nimmt das Geschehen seinen Lauf, bleibt der alltägliche Schrecken unverarbeitet und begleitet das Trauma das Mädchen sein Leben lang.

Damit sich das ändert, schreiben wir dieses Buch.

Sexueller Mißbrauch von Kindern ist eine «Straftat gegen die sexuelle Selbstbestimmung». Von diesem Verbrechen sind zu 90 % Mädchen und Frauen betroffen, wogegen die Täter zu fast 100 % Männer sind. Deshalb wird es in unserem Text ausschließlich um den sexuellen Mißbrauch von Mädchen durch männliche Erwachsene gehen. Diese Männer sind überwiegend im sozialen Nahbereich des Mädchens zu finden – vor allem in der Familie.

Folgen wir einem verbreiteten Vorurteil, sind es die Mädchen selbst, die voll brennender sexueller Neugierde ältere Männer, vor allem Väter, Onkel, Lehrer verführen, die den erotischen Attacken der kleinen Lolitas nicht gewachsen sind.

Seit Freud den Ödipus-Komplex erfand, hat dieses Vorurteil eine wissenschaftliche Legitimation erfahren, gegen die sich nur langsam Kritik durchzusetzen beginnt. Die Irrlehre vom Ödipus-Komplex entstand ganz bewußt gegen die realen Erfahrungen der Patientinnen, und auch heute noch machen Frauen die Erfahrung, daß es die Psychotherapeuten nicht so genau nehmen mit der Realität, sondern Beunruhigendes ins Reich der Phantasie verweisen.

Erziehung und Machtverhältnisse

Das grundsätzliche Autoritäts- und Machtverhältnis zwischen Kindern und Erwachsenen bewirkt, daß es in den meisten Fällen keiner besonderen Gewaltausübung bedarf, um ein Mädchen über Jahre hinweg zum schweigenden, scheinbar freiwilligen Opfer zu machen. Kinder – und vor allem Mädchen – leben immer mit einem latenten schlechten Gewissen. Denn nicht sie selbst setzen die Maßstäbe, nach denen ihr Handeln als gut oder böse gewertet wird, sondern die Erwachsenen tun das – oft genug willkürlich und für Kinder unverständlich. Auch die Regeln des geschlechtsspezifischen Verhaltens sind für Kinder zunächst undurchschaubar. Sie sind zu Anpassung und Duckmäuserei gezwungen, wenn sie einigermaßen unversehrt und in Frieden leben wollen. Die Mehrheit der Jungen und Mädchen ist Situationen gewohnt, in denen sie zu Unrecht gestraft oder beschuldigt werden, wo ihre Erklärungen und Entschuldigungen als «faule Ausreden» abgetan werden, wo sie Meinungen von Erwachsenen ohnmächtig als wahr und richtig akzeptieren müssen. Widerstand ist meist zwecklos oder gar gefährlich. Jeder will ja nur «ihr Bestes», und Kinder sollten nicht «undankbar» sein. Der bedingungslose Respekt vor Erwachsenen gehört immer noch zu den zentralen Inhalten von Erziehung – immer noch auf Kosten von Aufrichtigkeit und Vertrauen auf beiden Seiten. Bei aller Macht, die die Mutter über ihre Kinder hat, ist es doch meist der Vater, der Mann, der zu Hause das Machtwort spricht. Für das Mädchen kommt zum Erlebnis seiner kindlichen Ohnmacht gleichzeitig die Erfahrung weiblicher Machtlosigkeit und männlicher Unterdrückung.

Müssen Erwachsene allgemein als Respektspersonen angesehen werden, so sind doch die Eltern ganz besondere Erwachsene. Ihnen sind Kinder – und vor allem Töchter – zur Dankbarkeit verpflichtet. Obwohl ein Großteil der erfahrenen Gewalt von Vater und Mutter ausgeht, sollen Kinder von ihnen vor allem Liebe, Sorge und Verständnis erwarten. Gewalt ist auch heute noch ein legitimes Erziehungsmittel in vielfältigen Erscheinungsformen, und die Drohung: «Wenn du nicht sofort tust, was ich dir sage, dann . . .» braucht nach Erfahrungen mit den Konsequenzen nicht mehr oft ausgesprochen zu werden. Vor allem von der geliebten Tochter wird ein besonderes Maß an Anpassung an die mütterlichen oder väterlichen Vorstellungen, wie ein kleines Mädchen zu sein hat, gefordert.

Gewalt – das muß nicht Mißhandlung bedeuten. Verschiedene Reaktionen der Eltern, von der demonstrativ geäußerten Enttäuschung über Schimpfen, Strafarbeiten oder allgemeine Verurteilungen wie «ein Mädchen tut das nicht», sind wirksame Druckmittel. Kinder erfahren alltäglich die Verknüpfung von Gewalt mit Liebe.

Was ist sexueller Mißbrauch?

Sexualität ist etwas, worüber kleine Mädchen nicht viel erfahren, wovor sie sich aber hüten sollen – wenn es um fremde Männer geht. Es gilt nicht für Sexualität zwischen Vater und Mutter, denn die ist gut und richtig, egal welchen Eindruck das Mädchen davon gewonnen haben mag. Aufklärungsbroschüren und ernste Gespräche zwischen Eltern und Töchtern drehen sich stets um den «schwarzen Mann», der kleine Mädchen mit der Bonbontüte in den Park lockt und da etwas ganz Furchtbares, was nie genauer beschrieben wird, mit ihnen macht. Auch heutzutage sagen Mütter stolz, daß sie dem Töchterchen eingeschärft haben, nie mit einem Fremden mitzugehen. Weder die Mutter noch die Lehrer, noch die Polizei warnen vor dem Vater. Auch nicht vor Onkel Hans, vor Großvater, vor dem Kollegen des Vaters, der dem Mädchen Geschenke mitbringt, oder vor dem Nachhilfelehrer, zu dem es geht. Diesen Männern soll es vertrauen und gehorchen.

Vom Bild des kranken Triebtäters abzuweichen und die Warnung auszudehnen, ist beunruhigend. Es bedeutet, das Mädchen, auch wenn es noch klein ist, mit der Möglichkeit eines solchen Vertrauensbruchs bekannt zu machen. Das heißt für jede Frau, die Männer ihres sozialen Umfeldes mit anderen Augen zu sehen, immer mißtrauisch und wachsam zu sein. Das ist schwer erträglich.

Geschieht der sexuelle Angriff überfallartig durch einen Fremden, dann paßt das Erlebnis noch irgendwie in eine Welt, in der es gute und böse Männer gibt und in der feststeht, wo die guten zu finden sind. Ist es der eigene Vater, dann hat sich die Falle hinter dem Mädchen geschlossen.

Was verstehen wir unter sexuellem Mißbrauch? All das, was einem Mädchen vermittelt, daß es nicht als Mensch interessant und wichtig ist, sondern daß Männer frei über es verfügen dürfen; daß es durch seine Reduzierung zum Sexualobjekt Bedeutung erlangt; daß es mit körperlicher Attraktivität und Einrichtungen ausgestattet ist, um Männern «Lust» zu beschaffen. Hierzu gehört jeder Übergriff auf das Mädchen. Egal, ob es heimliche, vorsichtige Berührungen sind, die es über sich ergehen lassen oder selbst «vornehmen» muß, erzwungener Oralverkehr oder eine regelrechte Vergewaltigung.

Dazu gehört aber auch das Befühlen und die «fachmännische» Begutachtung der sich entwickelnden körperlichen Rundungen, das Betasten der Brust oder des Brustansatzes, verbunden mit abschätzigen oder auch wohlwollenden Qualitätsurteilen, daß das Mädchen jetzt zur Frau und damit als Sexualobjekt attraktiv wird. Vielen Frauen fallen zu diesem Thema sofort Situationen aus ihrer Kindheit ein. Sie erinnern sich noch gut an die damit verbundene Verunsicherung und Demütigung, auch durch lüsterne Blicke oder das so häufige Klatschen auf den Po. Solche sexuellen Angriffe graben sich tief in das Selbstverständnis und die Psyche von Mädchen ein, mag das Vorgefallene anderen – Erwachsenen, Ämtern oder Gerichten – auch noch so unbedeutend erscheinen.

In diesem Text haben wir uns darauf beschränkt, nur strafrechtlich relevante Formen des sexuellen Mißbrauchs als solchen zu bezeichnen.

Es geht ganz sicher nicht um das Verbot von Zärtlichkeit, körperliche Nähe und Wärme. Die Grenze zwischen dieser lebensnotwendigen Zuwendung, die Kinder bei ihren Eltern suchen, und den Berührungen, die der sexuellen Bedürfnisbefriedigung des Mannes dienen, ist aber fließend. Mädchen haben ein genaues Gespür dafür, wann diese Grenze überschritten wird, wann sie benutzt werden und es sich um etwas «Verbotenes» handelt. Sie fühlen sofort, wenn ihr Vater sie nicht aus Zärtlichkeit und Liebe um ihrer selbst willen streichelt, sondern um sich sexuell zu erregen und/oder zu befriedigen.

Gleichzeitig ist ihnen klar, daß sie nicht unbefangen darüber sprechen dürfen. Sie fürchten, sie könnten schuld daran sein, wissen aber auch genau, daß der Mann das nicht tun darf und daß sie nicht wollen, daß er es tut. Doch seit wann tut der Papa etwas, was er nicht darf? Und warum sollte er dem Mädchen Böses wollen? Oft spricht der Vater ein deutliches Redeverbot aus, das er mit Drohungen unterstützen kann, oder er verunsichert das Kind, indem er aus dem Unsagbaren «unser kleines Geheimnis» macht. Der sexuelle Übergriff erzeugt schon bei ganz kleinen Mädchen, die kaum etwas über Sexualität wissen, das untrügliche Gefühl, daß ihnen der Mund verschlossen ist. Sie glauben, daß nur ihnen so etwas Furchtbares zustößt. Sie werden sich erst dann jemandem anvertrauen, wenn sie meinen, nichts könne ihre Lage noch verschlimmern.

Mädchen und Frauen, mit denen wir sprachen

Die Einsamkeit und Verzweiflung der kleinen Mädchen haben wir in vielen Gesprächen mit jungen Frauen vermittelt bekommen. Alle waren in ihrer Kindheit mißbraucht worden. Die Ereignisse lagen unterschiedlich weit zurück – wenige Monate oder schon über zehn Jahre. So verschieden ihre Lebensgeschichten und Familiensituationen auch sind, so sehr gleichen sich die Grunderfahrungen. Auch nach Jahren hatte keine die Mißbrauchserlebnisse wirklich verarbeitet. Aber sie hatten gelernt, damit zu leben, und viele hatten bereits begonnen, darüber zu sprechen.

Doris lernten wir kennen, als sie Strafanzeige gegen ihren Vater erstattete und von Ingrid Lohstöter im Prozeß vertreten wurde. Sie war 16 Jahre alt. Heute, fünf Jahre später, besteht noch freundschaftlicher Kontakt. Der Vater wurde zu dreieinhalb Jahren verurteilt, die er verbüßt hat.

Anna und *Heike* schrieben im November 1982 einen Leserbrief in der *TAZ*, in dem sie eine Berichterstattung über sexuellen Mißbrauch kritisierten und den Aufbau einer Selbsthilfegruppe ankündigten. Wir nahmen den Kontakt auf. Anna wurde durch den Freund ihrer Großmutter von ihrem 7. bis 14. Lebensjahr, Heike und ihre beiden Schwestern durch ihren Stiefvater mißbraucht. Heike verließ ihr Zuhause mit 15 Jahren, nach sechs Jahren dauernder Bedrängnis.

Angela wurde im Frühjahr 1983 von Ingrid Lohstöter im Prozeß gegen einen Alkohol-Therapeuten vertreten, der sie und weitere dreizehn alkoholabhängige Mädchen vergewaltigt und mißbraucht hatte. Angela wurde zuerst von ihrem Pflegevater im Alter von 11 bis 14 Jahren mißbraucht; daraufhin mißbrauchten sie ihre drei erwachsenen Brüder. Angela wurde alkoholabhängig und lebt heute in einer therapeutischen Frauen-Wohngemeinschaft. Der Therapeut wurde zu vier Jahren Freiheitsstrafe verurteilt.

Ursula schrieb im Dezember 1983 an den Sub-Rosa-Frauenverlag, weil sie von Florence Rush «Das bestgehütete Geheimnis» gelesen hatte, und bat um ein Gespräch. Ihr Großvater hatte sie neun Jahre lang, bis sie 15 war, mißbraucht.

Pia stellte im Herbst 1981 Strafantrag gegen ihren Vater. Seit sie 6 Jahre alt war, hatte er sie regelmäßig vergewaltigt, mißbraucht und mißhandelt, bis sie 18 Jahre alt war. Der Mann lebt im Ausland, ein Verfahren fand bisher nicht statt.

Petra schrieb im Oktober 1982 einen Artikel in der *UKZ*, in dem sie sich offensiv mit der Position der Pädophilen auseinandersetzte. Wir trafen uns zum Gespräch. Sie und ihre beiden Schwestern waren seit der Pubertät, bis Petra 16 Jahre alt war, ständig von ihrem Vater belästigt und mißbraucht worden.

Manuela trafen wir über ihre Mutter Ilse. Sie war im Alter von 11 Jahren von ihrem Vater mißbraucht worden, der einen zweiten Versuch machte, als sie 16 war.

Marianne begegneten wir im Herbst 1982 bei der «Bremer Frauenwoche». Sie war Mitarbeiterin des «Notrufs für vergewaltigte Frauen» und trug auf einer Diskussionsveranstaltung ihre eigene Geschichte des Mißbrauchs durch einen fremden Mann im Alter von 10 Jahren vor.

Carola trafen wir in einer Diskussionsveranstaltung zum sexuellen Mißbrauch. Sie arbeitet in einer Arbeitsgruppe von Frauen, die beruflich mit dem Thema zu tun haben. Carola wurde jahrelang vom Vater mißbraucht.

Christiane wurde jahrelang vom Vater mißhandelt und mit 12 Jahren von ihm vergewaltigt. Sie hat ihren Lebensbericht aufgeschrieben.

Silvia lernten wir über eine Freundin kennen. Sie war ihre gesamte Kindheit hindurch, ebenso wie zwei Geschwister und zwei Pflegeschwestern, von ihrem Vater schwer mißhandelt und mißbraucht worden. Sie sagte im Prozeß gegen ihn aus, konnte aber nicht erreichen, daß der sexuelle Mißbrauch verhandelt wurde. Der Vater wurde zu neun Monaten auf Bewährung und zu 5000 DM Geldstrafe verurteilt. Silvia wurde auf Grund ihrer Aussage für zwei Jahre in die Psychiatrie eingewiesen.

Um zu verstehen, warum die Mädchen so selten Unterstützung von ihren Müttern erhalten, sprachen wir mit Pias und Manuelas Müttern.

Erika kam wegen ihres Scheidungsverfahrens zu Ingrid Lohstöter. Sie war zwanzig Jahre lang von ihrem Mann mißhandelt worden. Die älteste Tochter wurde jahrelang mißbraucht und mißhandelt.

Ilse sprach uns auf der Sommer-Universität 1982 an. Sie suchte dringend nach einer Gesprächsmöglichkeit und nach Kontakt zu anderen betroffenen Müttern. Der Mann, von dem sie sich gerade getrennt hatte, hatte vor Jahren die älteste Tochter mißbraucht und vor kurzem auch noch die jüngste, einen Säugling, belästigt. Ilse will gern mit anderen Müttern zusammen eine Selbsthilfegruppe aufbauen.

Wir führten Gespräche mit Sozialarbeitern/Sozialarbeiterinnen der Jugendämter, Mitarbeitern/Mitarbeiterinnen von Mädchenwohnheimen, Therapeuten/Therapeutinnen, Erzieherinnen, Pädagoginnen, die in Mädchengruppen oder Mädchenzentren oder dem Kinderschutzzentrum arbeiten, Vertretern von Gerichten, Staatsanwaltschaft und Kriminalpolizei, Vormundschaftsgericht. Wir fragten Ärztinnen und Rechtsanwältinnen nach ihren Erfahrungen und sprachen mit Frau Professor Elisabeth Trube-Becker als Expertin der Rechtsmedizin und Professor Detlef Cabanis als Experten für Glaubwürdigkeitsgutachten. Wir studierten die vorliegende Litera-

tur und neuere Umfragen und Untersuchungen, meist kriminologi-
sche oder viktimologische Texte und die wenigen Bücher, die bisher
von Frauen zum sexuellen Mißbrauch von Kindern geschrieben wurden (siehe Literaturverzeichnis im Anhang).

Je länger wir an diesem Thema arbeiteten, desto öfter fielen uns in
der Tagespresse kleine Nachrichten auf, desto sensibler begannen
wir, zwischen den Zeilen zu lesen und uns umzuschauen, und um so
mehr Frauen begegneten uns, die als Kind mißbraucht worden
waren.

Der sexuelle Mißbrauch in der Familie war uns nicht unbekannt.
Barbara Kavemann hat zweieinhalb Jahre lang im ersten Berliner
Frauenhaus als Erzieherin und Soziologin im Rahmen der Begleitforschung gearbeitet. Sie begegnete hier Mädchen, die von ihren Vätern mißbraucht worden waren.

Ingrid Lohstöter vertritt als Rechtsanwältin seit sieben Jahren
Frauen aller sozialen Schichten in Scheidungs- und Strafverfahren.
Sie arbeitet zusammen mit dem Notruf für vergewaltigte Frauen und
den Frauenhäusern für mißhandelte Frauen und ihre Kinder in Ber-
lin. Zu ihr kamen auch betroffene Mädchen und deren Mütter als
Mandantinnen.

Wir stellten fest, daß die Lebensgeschichten von Töchtern und
Müttern oft nicht voneinander zu trennen sind. Die Diskussion um
den sexuellen Mißbrauch von Mädchen ist die Fortsetzung der Dis-
kussion um Männergewalt gegen Frauen, die seit den Anfängen der
Frauenbewegung geführt wird: Abtreibungsverbot, Vergewaltigung,
Zwangsheterosexualität, Klitorisabschneidung, Mißhandlung, Se-
xualmord – das sind Themen, die seit langer Zeit engagiert bearbei-
tet werden. Die Diskussion hat in vielen Punkten die Situation von
Frauen konkret verändern und Hilfsmöglichkeiten schaffen können.
Die Gewalt selbst ist allerdings nicht beseitigt. Das hat bei vielen
Frauen eine Müdigkeit erzeugt. Das Thema Gewalt wird oft als ab-
gedroschen empfunden, denn es ist frustrierend, trotz anhaltendem
Kampf keine wirkliche Lösung erreicht zu haben und die kleinen Er-
folge immer wieder gefährdet zu sehen. Außerdem ist es sehr bela-
stend, sich ständig mit der Gewalt und deformierten Sexualität von
Männern und dem Leid und der Tatenlosigkeit von Frauen beschäftigen zu müssen. Die Konfrontation mit den Lebensgeschichten immer neuer Frauen macht es schwer, Grenzen zwischen dieser Arbeit
und dem eigenen Leben zu ziehen.

Die Forscherin, die Beraterin oder Therapeutin und jede Aktivi-
stin in der Bewegung muß sich immer wieder mit auftauchenden eigenen Erinnerungen auseinandersetzen: unangenehme kleine Bege-

benheiten vielleicht nur, an die wir uns nicht gern erinnern, die uns bedrücken. Gerade beim sexuellen Mißbrauch von Mädchen tauchen solche Ereignisse aus der eigenen Kindheit auf: Bemerkungen vom Vater, Bruder, Onkel, Männern generell, die wir nie dem sexuellen Mißbrauch zurechnen würden, die eigentlich unerheblich sein könnten, wenn sie nicht so ein ungutes Gefühl in uns erzeugen würden. Dies verstärkt die psychische Belastung in der Arbeit mit Gewalt.

Wir danken allen betroffenen Frauen, mit denen wir gesprochen haben. Wir bewundern sie und ihren Lebensmut, den sie nicht verloren haben, auch wenn immer wieder Rückschläge zu verkraften waren und die traumatischen Erfahrungen die Gegenwart einholten. Wir waren beeindruckt von der Offenheit und der Direktheit, mit der sie uns von ihren Erlebnissen, von ihrer Wut, Hilflosigkeit, Hoffnung und ihrem Optimismus erzählten. Durch das Miterleben ihrer Gefühle konnten wir vieles lernen und verstehen, was uns vorher nicht begreiflich war. Wir freuen uns für die Frauen, die «Wildwasser», die erste Selbsthilfegruppe, gegründet haben.

Wir hoffen, daß die zunehmende öffentliche Diskussion es Frauen und Mädchen ermöglicht, ihr Schweigen zu brechen, dem Mißbrauch ein Ende zu setzen oder ihn von vornherein zu verhindern. Wir wünschen, daß immer mehr Mädchen in ihrer Erziehung neben Ermutigung und Befähigung zur körperlichen Gegenwehr vermittelt bekommen, daß *niemand* das Recht hat, sie gegen ihren Willen zu berühren oder zu Dingen zu zwingen, die sie nicht wollen. Sie sollen ihren Körper als wichtigen Teil ihrer selbst lieben und vor Übergriffen schützen lernen. Sie sollen erfahren, daß der Erwachsene ihre Wünsche nach Zärtlichkeit nicht umdeuten darf in *sein* Recht, das Kind für *seine* Bedürfnisbefriedigung zu benutzen. Frauen mit diesem Selbstverständnis werden auch ihre Töchter schützen können.

Kindheit

«Ich wußte genau, ich gehe nicht unter»

Bericht eines Mädchens, das vom Vater mißbraucht wurde

«Entweder ich oder er. Aber eins wußte ich immer ganz genau: Ich gehe nicht unter, ich nicht! Ich werde mein Leben nach meinen Vorstellungen gestalten. Ich werde es nicht durch meinen Vater zerstören lassen. Und ich sage auf alle Fälle, was passiert ist, und schreie es richtig hinaus in die weite Welt!

Für mich sah es ja damals so aus, daß er mich um die Ecke bringen wollte, denn ich hatte Würgemale am Hals. Vorher konnte ich mir gar nicht vorstellen, daß es so was gibt. Den Sexualkundeunterricht in der Schule kann man vergessen, da wurden solche Probleme gar nicht angesprochen. Wenn so was dann passiert, ist es wie ein Hammer. Mein Vater war so, wie es sein soll: Er ging immer arbeiten und brachte Geld. Klar, er hatte in der letzten Zeit auch mehr getrunken, aber man konnte sich nicht vorstellen, daß es so ein Ausmaß annimmt. Das darf man sich nicht bieten lassen. Ich finde, jeder ist eine eigene Persönlichkeit, auch wenn es die Tochter ist. Es wird immer so hingestellt in der eigenen Familie, als ob es nicht so schlimm sei. Es ist das Schlimmste, was es überhaupt gibt. Es sieht ja so aus, daß der Vater denkt: dies ist mein Eigentum, und ich kann damit machen, was ich will.»

Nach der Scheidung ihrer Eltern hatte Doris (11 Jahre) zunächst mit ihrer älteren Schwester (14 Jahre), ihrem Zwillingsbruder und dem jüngeren Bruder (4 Jahre) gemeinsam mit der Mutter gelebt. Als es zwischen dieser und den Kindern immer häufiger zu Streitereien kam, zog die Mutter aus. Die Geschwister verstanden sich gut und versorgten sich selbst. Dennoch dauerte es nicht lange, bis der Zwillingsbruder den Vater mit nach Hause brachte. Zwar hatte die tägliche Angst vor ihm die Kindheit aller Geschwister geprägt, doch sein Sonntagsgesicht bei gelegentlichen Besuchen hatte die Hoffnung genährt, er habe sich geändert. Besonders Doris' Zwillingsbruder war auf dieses Bild angewiesen, war er doch im Alter von 10 Jahren vom Vater sexuell mißbraucht worden und hatte das noch nicht verarbeitet.

Das zuständige Jugendamt wußte, daß der Vater damals zu einer achtmonatigen Freiheitsstrafe verurteilt worden war. Der Familienfürsorge war auch bekannt, daß alle Kinder von ihm «übermäßig verprügelt worden waren» und sich deshalb zeitweise in ärztlicher Behandlung befanden. Trotzdem hatte die Familienfürsorge keinerlei Bedenken gegen das erneute Zusammenleben dieses Mannes mit seinen Kindern. Sie sprach sich sogar dafür aus, dem Vater die elterliche Sorge für alle Kinder mit Ausnahme des Zwillingsbruders allein zu übertragen.

«Früher hatte meine Schwester den Haushalt geführt. Als sie dann auszog, mußte es einer weitermachen. Und weil kein anderer da war, blieb es an mir hängen. Die Schule mußte ich nebenbei machen, der Haushalt mußte sauber sein. Abwaschen und was sonst so alles dazukommt, einkaufen. Ich hatte für vier Personen nur 100 DM in der Woche zur Verfügung und mußte daraus was machen: Hier hast du Geld, und davon mußt du was Schönes kochen. Und sonntags gab's Fleisch, und manchmal hat es nicht gereicht. Da hab ich schon mal zugesteuert von meinem Geld. Er hatte von den Preisen und wie teuer alles ist keine Ahnung. Ich ging nebenher immer putzen und hab noch verdient.

Damals hatte ich schon die Vorstellung, wenn das immer so weitergeht, dann finde ich das ziemlich erbärmlich – das ist kein Leben für mich. Mit 18 wäre ich sowieso ausgezogen. Aber wir waren ja alleine und ich hatte das Gefühl, ich müsse mich um meine Geschwister kümmern. Da war ich 16 Jahre alt.

Eines Tages fing mein Vater an zu beklagen, daß er eigentlich im Leben keinen Sinn sieht und daß er keine Frau mehr findet. Ich konnte mir vorstellen, daß es schwer für ihn ist, jemand zu finden, die sich alles gefallen läßt, denn er kommandiert gerne.

Es war dann so, daß mein Vater, wenn ich schon im Bett lag, zu mir ins Zimmer kam und mit mir allein darüber redete, daß er keine Frau findet und daß die von der Potsdamer Straße (Prostituierte) auch nicht das Rechte wären. Ich merkte schon an seinen Gesprächen, daß er darauf aus war, sich mir zu nähern. Er hat es nicht direkt in Worte gefaßt. Es ging darauf hinaus, daß er sich mit mir gut versteht und daß ich doch sonst eigentlich alles mache, was er will. Es hat sich dann in der Folgezeit gesteigert. Er kam auch rein, wenn er betrunken war, und wollte sich unterhalten, obwohl ich schlafen wollte. Er sagte zwar: Schick mich raus, ist aber nicht gegangen. Er kam auch sehr spät betrunken nach Hause und fragte, ob ich noch wach wäre, und wollte dann erzählen mitten in der Nacht.»

Doris stellte ihren Vater wiederholt zur Rede. Er versprach, sie nicht mehr zu belästigen. Das Gegenteil geschah. Eines Nachts drängte er sich zu Doris ins Bett und forderte sie auf, sich auszuziehen. Doris bat ihn zu gehen.

«Er hat mir dann ein paar geknallt und gesagt: ‹Wenn du nicht machst, was ich dir sage, verkloppe ich dich, bis du nicht mehr aufstehst.› Ich habe darauf geantwortet, lieber das als alles andere und daß er mich gleich erschlagen könne.»

Er griff ihr an Brust und Scheide, gab dann aber auf Grund ihrer heftigen Gegenwehr auf und schlief in ihrem Bett ein.

Am nächsten Tag erzählte Doris ihrem Bruder, was vorgefallen war, und zusammen forderten sie den Vater auf, wieder auszuziehen. Dieser versprach, sie nun in Ruhe zu lassen, und bat seinen Sohn, ihm dabei zu helfen. Keine halbe Stunde später legte er sich erneut in Doris' Bett.

«‹Mann, geh raus, ich will schlafen›, habe ich ihm immer wieder gesagt, und daß er mich lieber schlagen soll, als daß ich ihn anfasse. Er hat aber nicht abgelassen und immer wieder gesagt, daß er mich gut findet und mit mir schlafen will. Außerdem hat er gedroht, daß er mich umbringen wird, wenn ich nicht mache, was er sagt. Schließlich sei er der Herr im Haus. Dann riß er mir das Nachthemd richtig vom Körper. Er hat mir an die Brust gefaßt und auch an die Scheide, ganz grob und bestialisch. Er ist mit einem Finger in die Scheide gegangen. Es hat mir sehr weh getan. Er hat den Finger bewegt wie ein Tier. Er hat an mir rumgezerrt, ich sollte mich auf ihn drauflegen. Ich habe aber nee gesagt, dafür hab ich wieder eine geknallt gekriegt. Dann sollte ich an sein Glied fassen. Habe ich auch nee gesagt. Das hat sich alles ein paarmal wiederholt, und ich habe immer wieder eine geknallt gekriegt. Er ist wie ein Tier gewesen.

Er hat sich auf mich raufgelegt. Da ich das nicht wollte, hat er mich an den Haaren gezogen. Dann sollte ich sein Glied einführen. Das wollte ich aber auch nicht. Er sagte dann zu mir: ‹Mach mir einen›, ich sollte ihn mit der Hand befriedigen. Er war völlig nackt, und ich mußte mit der Hand an seinem Glied reiben. Er verlangte dann auch, daß ich es in den Mund nehme. Weil ich das nicht wollte, hab ich Schellen gekriegt. Unter Würgen habe ich es dann auch gemacht. Er hat auch an meiner Scheide geleckt. All das dauerte eine Ewigkeit, und dann schlief er in meinem Bett.

Am nächsten Tag traute sich mein Vater kaum, mir in die Augen zu schauen. Er fragte mich, ob ich ihn noch gern habe. Ich wußte überhaupt keine Antwort zu geben. Er meinte dann noch: ‹Ich bin nun mal so, da kann man nichts mehr ändern.› Mein Bruder wollte mir nicht helfen: ‹Wenn ich dir helfe, bekomme ich nur Kloppe.› Er versuchte, das Schloß an meiner Zimmertür zu reparieren, es ging aber nicht.

Meiner Schwester gegenüber, die im Hinterhaus wohnte, machte ich Andeutungen, was passiert war, und sie meinte, ich solle das nächste Mal zu ihr rüberkommen.

An diesem Abend war mein Vater nüchtern und versprach, daß alles in Ordnung sei. Kaum lag ich im Bett, kam er auch schon wieder und sagte gleich, daß er bestimmt, was getan wird. Ich guckte ihn noch so an, und schon ging die Klopperei los. Aus heiterem Himmel hat er auf mich eingeschlagen mit Händen und Fäusten. Er sagte: ‹Ich will mit dir bumsen›, und legte sich auf mich drauf. Um mich zu zwingen, würgte er mich dabei. Weil er auch geschlagen hat, weiß ich gar nicht so genau, ob er sein Glied in die Scheide reingekriegt hat. Auf einmal war er ruhig und hat mich einfach angepinkelt. Ich hatte den Eindruck, daß er das so richtig absichtlich und aus Verachtung machte, denn vorher sagte er: ‹Ihr Frauen seid alle gleich, und du gehörst auch dazu.› Als es mir irgendwann gelang, mich kurz zu befreien, bin ich nackt, wie ich war, einfach losgerannt und zu meiner Schwester rüber.»

Die Schwester erstattete Strafanzeige, und Doris machte vor der Polizei eine ausführliche Aussage. Da sie unter keinen Umständen in die Wohnung zurückwollte, nahm Angelika, eine Freundin der Schwester, sie bei sich auf.

«Das ganze Geschehen war ja ein großer Schreck damals, und danach habe ich vier Wochen lang geschlafen. Ich ging zwar nach vierzehn Tagen wieder arbeiten, aber das lief wie ein Film an mir vorbei. Ich brauchte das sicher, um zu verarbeiten. Das war ein körperlicher Schutzmechanismus. Ich habe mich bei Angelika sehr wohl gefühlt, denn ich hatte endlich die ersehnte Ruhe: Ich konnte in Ruhe schlafen und hatte eine Ecke für mich.

Als ich noch zu Hause wohnte, habe ich mir vorgestellt, daß es überall so abläuft, nur nicht in dieser Härte. Aber als ich dann zu Angelika kam, haben sich mir schlagartig die Augen geöffnet. Die sind mit den Kindern gut umgegangen und haben viel unternommen. Das war eine Familie, die Spaß zusammen hatte. Ich fand diese Lebensart sehr schön, viel unbekümmerter und freier. Wir haben nie was unternommen, mein Vater war ein Stubenhocker und ging immer nur in Kneipen. Er war zu uns immer wie ein kleiner Feldwebel gewesen.»

Aus dem Bericht des Jugendamtes über diesen Zeitraum:

«In früheren Berichten wird Herr X einerseits als ruhiger und zuverlässiger Ehemann und Vater geschildert: hervorzuheben sind seine charakterlichen Eigenschaften. Er ist stets freundlich, anständig und zuverlässig.»

Doris berichtet: «Es war alles sehr streng. Wir Kinder wurden erzogen wie Zinnsoldaten. Wir sind nach Hause gekommen, und mein Vater hatte damals getrunken und war dann immer sehr brutal und hat auf uns eingedroschen. Die ganze Familie, jeder hat sein Fett gekriegt.»

Aus dem Bericht des Jugendamtes, als Doris 10 Jahre alt war: «Gegen Herrn X lief ein Strafverfahren wegen Kindesmißhandlung. Die Kindesmutter erschien im April dieses Jahres im Jugendamt und legte ein Attest des behandelnden Arztes vor, worin bestätigt wurde, daß das Kind Doris mehrere Hämatome am Körper hatte. Die Kinder sind vom Vater geprügelt worden, weil sie schlecht essen. Das Verfahren in dieser Angelegenheit ist wegen Geringfügigkeit eingestellt worden.»

«Ich war ziemlich ängstlich wie jedes von uns Kindern. Es war eine unerträgliche Situation. Da bin ich auch in der Schule abgesackt, denn ich war ein stilles Mäuschen. Nach der Scheidung habe ich aufgeatmet und mir gesagt: Du wirst dein Leben in den Griff kriegen. Vorher hatten wir ständig Angst, und ständig Angst zu haben ist schlimm. Wenn es 18 Uhr war, wußten wir Kinder schon Bescheid und wären am liebsten in jedes Mauseloch gekrochen. Jeder wußte eigentlich, was abläuft, bloß hat sich keiner getraut, mal anzuklopfen: ‹Sagen Sie, was machen Sie da eigentlich? Prügeln Sie Ihre Kinder?› Wir hatten so manches Mal blaue Veilchen. Die Lehrer haben auch nichts gesagt, höchstens: mehr Leistung, sich anstrengen. Du lernst zu Hause und denkst, hoffentlich keine Fünf, dann gibt's Prügel, die überlebst du nicht. Einmal hatte ich eine Fünf geschrieben und kriegte ein halbes Jahr Stubenarrest. Das war während der Sommerszeit. Da war ich 12 Jahre alt. Morgens, mittags, abends lernen, bis spät in die Nacht hat er mich abgefragt. Wenn man unter Druck steht und Angst hat, ist man gar nicht in der Lage, etwas zu lernen oder aufzunehmen. Es hat also nicht viel gebracht. Meine Mutter arbeitete immer abends und kam erst gegen 23 Uhr nach Hause. Heute sagt sie, daß sie immer richtig Angst hatte, wie sie uns dann vorfinden würde. Damals dachte ich, das sei normal. Von den Problemen und dem Zwiespalt zwischen meinen Eltern hab ich nicht viel mitgekriegt. Er ist der Vater, für ihn wird gekocht und hinterher alles saubergemacht. Das war normal für mich. Ich wußte nur, wenn ich mal eine Familie habe, daß ich es anders machen würde. Mit allen Mitteln.

Als ich nach den ganzen Ereignissen draußen war, war es unheimlich schön. Es war 18 Uhr, und es passierte nichts. Ich lebte ganz anders, so bewußt war mir das. Du gehst durch die Straßen und nicht immer diese Angst dahinter, es wird gleich was passieren. Du bist dein eigener Herr. Ich habe mich dann oft mit Angelika unterhalten über all das. In der kritischen Zeit damals hatte ich jemanden, die auf mich eingehen konnte. Das war sehr wichtig für mich, um darüber reden zu können, ob das so richtig ist, wie ich das sehe. Ich finde es sehr schön, daß es jetzt in Berlin hier eine Selbsthilfegruppe gibt, daß sich Frauen und Mädchen zusammentun und untereinander helfen. Denn es ist wichtig, darüber zu reden. Ich habe damals Tagebücher geschrieben, wie das passiert ist mit meinem Vater. Ich habe alles noch mal betrachtet und auch positive Sachen aufgeschrieben, wenn ich mich über etwas gefreut habe, und viele Gedichte gemacht. Als es zum Prozeß gegen meinen Vater kam, war ich in der Gruppe «Notruf und Beratung für vergewaltigte Frauen». Das tut gut, mit Frauen zu sprechen, die so was schon öfter gehört hatten und Erfahrung hatten, wie so ein Prozeß abläuft. Von ihnen bekam ich Unterstützung vor der Verhandlung, und sie saßen dann hinten im Zuschauerraum, was echt guttat.

Ich war damals in der Ausbildung als Krankenschwester. Den Ausbildungsplatz hatte mir mein Vater durch Beziehungen vermittelt. Das war das einzige Gute, was er mal für mich getan hat. Die Ausbildungsleiterin erfuhr irgendwie, daß mein Vater ein Strafverfahren hatte, das mit mir zusammenhing. Sie bedrängte mich immer, meinem Vater doch mal eine Karte zu schreiben und wieder Kontakt zu ihm aufzunehmen. Als ich das ablehnte, hat sie sich furchtbar aufgeregt. Sie meinte, solche Mißstände könnte sie nicht akzeptieren, und ich sei doch wohl unreif für diesen verantwortungsvollen Beruf. Mein Verhalten sei unpassend, und ‹so schlimm wird es schon nicht gewesen sein›. Und: ‹Ich weiß Bescheid über Menschen.› Ich war geschockt und habe alles Angelika erzählt. Die hat der Schwester ein paar Takte gesagt und sich beschwert. Danach war sie dann immer ganz freundlich zu mir. Sie hat mich so mitleidsvoll angeguckt, daß ich mir irgendwie abgestempelt vorkam, als ob ich 'nen Paragraphen hätte.

Ein halbes Jahr hatte ich zu kämpfen. Oft war ich tief in Gedanken und ganz abwesend. Ich hatte so gut wie kein Vertrauen mehr und verhielt mich zu anderen Menschen sehr distanziert. Je näher der Prozeß kam, um so mehr wurde ich von meiner Familie unter Druck gesetzt. Zuerst waren alle für die Strafanzeige gewesen. Je länger es dann aber dauerte, um so weniger schlimm fanden sie das Ganze. ‹Du hast doch jetzt deine Ruhe, dir geht es doch jetzt gut.› Meine Schwester legte mir ans Herz, ich solle die Aussage verweigern, weil es ja nur der Vater und deshalb nicht so schlimm sei. Mein Bruder rief mich an und sagte: ‹Überlege dir das noch mal, du zerstörst seine Existenz, denn der Vater muß dann in den Knast und wieder von vorn anfangen.›

24

Mein Vater ist dann ins Gefängnis gekommen, dreieinhalb Jahre, viel zuwenig. Für mich stand es von vornherein fest, daß ich den Prozeß führen würde, obwohl ich sehr traurig war, daß ich von meinen Geschwistern so verlassen wurde und daß sie mich nicht unterstützt haben. Es war schon eine Belastung, daß sich der Beginn des Prozesses so lange hinzog. Dann fing auch noch mein eigener Vormund an, auf mich einzureden: ‹Willst du deinen Vater hinter Gitter bringen?› Bei einer Außenstehenden wäre er ja dafür, aber wegen der eigenen Tochter? Schließlich sei mein Vater ja alkoholisiert gewesen, und ich sei halb bekleidet und provozierend durch die Wohnung gelaufen. Es stellte sich dann heraus, daß der Vormund früher schon Vormund meines Vaters gewesen war. Er wollte mir einreden, daß er allein darüber zu entscheiden hätte, ob ich von meinem Aussageverweigerungsrecht Gebrauch mache. Meine Rechtsanwältin hat mir gesagt, daß er hierzu kein Recht habe, und hat auch dafür gesorgt, daß er abgesetzt wurde.

Ich habe das Für und Wider wie ein Puzzle auseinandersortiert. Es war die Entscheidung, entweder deine eigene Existenz geht kaputt, oder deines Vaters Existenz geht kaputt. So habe ich mich dann entschlossen, meine Existenz, die sowieso von Anfang an beschädigt wurde, auf eine richtige Linie zu führen. Ich habe mich dafür entschlossen, damit auch jedem bewußt wird, daß man mit mir nicht machen kann, was man will, und daß ich mein eigener Mensch bin und eine eigene Persönlichkeit bin und ein eigenes Recht habe auf Leben. Wenn ich finde, daß dieses bedroht war, dann bin ich nicht der Meinung, daß ich das runterschlucken soll und tun, als wäre es nicht so schlimm. Wenn alles jetzt wieder unter den Teppich gekehrt worden wäre, hätte ich mich gefühlt wie ein Werkzeug. Wenn ich so getan hätte, als sei nichts gewesen oder als könne das mal vorkommen, dann hätte ich es mein Leben lang mit mir rumgetragen. Ich finde, so was ist unverzeihlich. Verzeihen tue ich nichts.

Vor dem Prozeß hatte ich Angst, aber ich wußte, daß ich nicht allein bin und daß meine Anwältin an den Punkten, wo sie mir an den Karren fahren wollen, sagen wird: ‹Sie dürfen sie nicht in den Schmutz ziehen.› Daß ich einen Rückhalt habe und nicht allein und hilflos dastehe. Die Vorbereitung auf den Prozeß ist wichtig, damit man weiß, was einen da erwartet.

Der Prozeß war so pompös und wie ein Schauspiel. Ich hatte ja noch nie so eine Situation erlebt. Die Sprache der Juristen ist anders mit den Paragraphen usw. Jeder hat seine Rolle und seinen Part zu sprechen. Du wirst aufgerufen, und alle warten darauf, was du sagst. Aber ich habe mir gesagt: Sag es so, wie es war, so ist es und so stehst du dazu. Da habe ich offenbart, wie alles passiert ist und wie ich mich fühle, wie erbärmlich im Grunde genommen und doch stark. Ich hätte Bäume ausreißen können.

Ich glaube, Kraft gegeben hat mir auch, daß es in der Schule klappte. Nach der Scheidung meiner Eltern habe ich richtig gerne gelernt und hatte auch viel Spaß in der Schule. Da fing ich an, aus mir rauszugehen. Mit den Lehrern habe ich mich gut verstanden. Ich habe mich jedes Jahr verbessert und ging mit 2,1 von der Schule runter. Während der Ausbildung wurde ich gefordert und gefördert. Im Krankenhaus ist ja eine große Hierarchie, und da habe ich mich zum kleinen Rebellen entwickelt: Wenn ich der Ansicht bin, daß was Unrechtes passiert, stehe ich dagegen auf. Ich sehe da einen Zusammenhang dazu, daß ich damals den Prozeß geführt habe, weil ich es einfach richtig finde, wenn etwas passiert, das auch zu sagen.

Ich habe mich auch gefragt, ob ich überhaupt jemals in der Lage sein würde, eine Partnerschaft einzugehen oder aufrechtzuerhalten. Das konnte ich mir eigentlich gar nicht vorstellen. Bloß eins habe ich mir gesagt: Durch meinen Vater will ich mir nicht mein Leben kaputtmachen lassen, auch in dieser Hinsicht nicht. Ich wollte auf jeden Fall ein Leben nach meinen Vorstellungen führen. Zuerst befürchtete ich, daß alle Männer so sind, und hatte einen Haß: Die geben an und wollen ihre Unterdrückung ausüben, und dagegen bin ich nun wirklich allergisch. Ich wollte keinen, der sagt: ‹Los, komm jetzt ins Bettchen› und dann dort den Ton angibt. Ich will selbst sagen, was ich will. Wenn ich einen Mann hätte, der ständig Druck ausübt, hätte ich das Gefühl, der ist identisch mit meinem Vater.

Ich hatte Glück, daß ich einen sehr lieben Partner kennengelernt habe und mich mit ihm nun schon vier Jahre lang gut verstehe und über alles reden kann. Als ich ihm das erzählt habe, über meine Kindheit, da war er ganz schön schockiert und hat mich gefragt: ‹Aber du lebst noch und bist nicht in der Klapsmühle?› Wenn ich in gewissen Situationen aggressiv bin, dann weiß er, woran das liegt. Dadurch ist das Vertrauen noch größer geworden.

Ich laß mich auch auf der Straße nicht als Freiwild behandeln. In der U-Bahn habe ich schon mal einen Regenschirm auf einem Typ kaputtgehauen.

Ich glaube wirklich, daß die Zeit Wunden heilt. Ein halbes Jahr hatte ich ziemlich damit zu kämpfen und hatte so gut wie kein Vertrauen. Heute kann ich sagen, daß ich aus meinem Leben das Beste gemacht habe. Ich wollte mein Leben durch keinen zerstören lassen.»

Doris wurde im Strafverfahren von Ingrid Lohstöter vertreten. Ihr Vater wurde nach einjähriger Verfahrensdauer wegen mehrfacher versuchter Vergewaltigungen, sexueller Nötigung und sexuellen Mißbrauchs einer Schutzbefohlenen zu einer Freiheitsstrafe von dreieinhalb Jahren verurteilt, die er inzwischen verbüßt hat.

Im Prozeß bestritt er die Vorwürfe nicht, sondern berief sich auf sein mangelndes Erinnerungsvermögen. Das bedeutete, daß Doris alle ihre traumatischen Erlebnisse vor Gericht erneut schildern mußte. Immerhin mußte sie wegen des Teilgeständnisses ihres Vaters nicht mit diffamierenden Angriffen rechnen.

Daß das Gericht dem Vater zugute hielt, «in nüchternem Zustand ein guter und treusorgender Familienvater» zu sein, «der sich außerordentlich bemüht hat, die Familie zusammenzuhalten», ist typisch für die Beurteilung von Sexualstraftätern. Die Angeklagten sind im Gegensatz zu Personen, die anderer Delikte beschuldigt werden, keine «Kriminellen» oder «Gewalttäter». Nein, sie sind respektable Personen und gute Väter, die ausnahmsweise, unerwartet und einmalig auf Irrwege gerieten. Der Hinweis des Gerichts auf die familienväterliche Sorge ist besonders bemerkenswert, da nach den Aussagen sämtlicher Zeugen und Zeuginnen klar war, daß nicht der Vater sich um die Familie gekümmert hatte, sondern Doris, die neben der Schule den Haushalt allein geführt, durch Putzarbeiten das kärgliche Haushaltsgeld aufgebessert und ihre Brüder versorgt hatte. Der Wunsch des Vaters, nach der Scheidung wieder mit seinen Kindern zusammenzuleben, entsprang keineswegs einem besonderen Familiensinn, sondern allein seiner Bequemlichkeit.

Die Gespräche mit Doris, aus denen hier zitiert wird, fanden teilweise vor dem Prozeß statt, der größte Teil fünf Jahre später. Die Beschreibung der Vergewaltigung entnahmen wir ihrer polizeilichen Aussage.

Kurzer Blick auf Zahlen und Gesetze

Aus der Kriminalstatistik des Bundesgebiets und West-Berlins ist zu entnehmen, daß im Jahre 1981 insgesamt 42284 Straftaten gegen die sexuelle Selbstbestimmung bei der Polizei bekannt wurden. Davon entfallen auf versuchte und vollendete Vergewaltigungen 6925, auf versuchte und vollendete Nötigung 3579 und auf den sexuellen Mißbrauch von Kindern 12146, auf exhibitionistische Handlungen 10888 Fälle. Da Angaben über den Bekanntschafts- und Verwandtschaftsgrad zwischen Täter und Opfer fehlen, verrät die Kriminalstatistik nicht, daß es sexuellen Mißbrauch von Mädchen innerhalb der Familie überhaupt gibt. Bei Sexualstraftaten wird relativ selten eine Strafanzeige erstattet, vor allem Familienmitglieder werden nur in Ausnahmefällen angezeigt. So sagt das gesammelte Zahlenmaterial wenig über das tatsächliche Ausmaß des sexuellen Mißbrauchs von Kindern aus. Die Mehrzahl der Fälle wird weder der Öffentlichkeit noch der Polizei bekannt.

In mehreren repräsentativen Untersuchungen wurden erwachsene Frauen nach sexuellen Übergriffen in ihrer Kindheit und Jugend befragt (Baurmann 1978/83). Dabei wurde eine Dunkelziffer von 1:18 bis 1:20 errechnet, das heißt, daß von 18 bis 20 sexuellen Gewalttaten an Mädchen nur eine einzige der Polizei angezeigt wird (Baurmann 1978, S. 183). Wenn wir jetzt die offizielle Zahl der 1980 bzw. 1981 angezeigten Fälle von Kindesmißbrauch und Vergewaltigung und sexueller Nötigung von Mädchen unter 18 Jahren mit der errechneten Dunkelziffer multiplizieren, ergibt sich, daß schätzungsweise jährlich 300000 Kinder sexuell mißbraucht werden. Davon sind mindestens 250000 Mädchen – etwa alle drei Minuten eine. Untersuchungen in den USA kamen zu dem Ergebnis, daß jede vierte Frau als Kind von sexueller Gewalt betroffen war.

Von Vergewaltigungen (§ 177 StGB) werden Frauen und Mädchen zu 100%, von sexueller Nötigung (§ 178 StGB) zu 93,6%, von sexuellem Mißbrauch (§ 176 StGB) zu 76,9% und von allen Sexualstraftaten zu 89,1% betroffen (Baurmann 1983, S. 260).

Aufschlußreich ist es auch, das Alter der betroffenen Frauen aufzuschlüsseln: Bei Vergewaltigung und sexueller Nötigung sind 30,25% der Opfer unter 18 Jahre und 50,7% unter 21 Jahre alt. Zählen wir die von sexuellem Mißbrauch betroffenen Mädchen dazu, ergibt sich, daß von allen Straftaten gegen die sexuelle Selbstbestimmung zu ca. 75% Mädchen unter 20 Jahren betroffen sind. Auch diese Zahlen berücksichtigen nicht die Dunkelziffer, sondern beziehen sich lediglich auf bekanntgewordene Taten. Wenn wir die Untersuchungen betrachten, die den Dunkelzifferschätzungen zugrunde liegen, wird noch deutlicher, daß Mädchen von allen Gruppen der Bevölkerung am meisten gefährdet und den meisten Sexualstraftaten ausgesetzt sind.

Es ist weiter interessant, wer die Täter sind, in welcher Beziehung sie zu den betroffenen Mädchen stehen. Hier gibt eine Untersuchung Auskunft, die im Auftrag des Bundeskriminalamtes in Niedersachsen alle zwischen 1969 und 1972 angezeigten Sexualstraftaten untersuchte. Nur 6,2 % der betroffenen Mädchen und Frauen waren von einem völlig Fremden angegriffen worden!

29,3 % der Männer waren ihrem Opfer bekannt, man hatte schon miteinander gesprochen, war Nachbar oder sah sich regelmäßig. 34,1 % insgesamt hatten regelmäßigen Kontakt zu den betroffenen Frauen und Mädchen wie z. B. als Kaufmann oder Erzieher. 11,4 % waren enge Freunde der Familie oder Verwandte wie Schwager, Großvater, Onkel. Und den Anteil von 25,4 % der Täter stellten die Väter, Stiefväter und andere, dieselbe Wohnung bewohnende Männer wie z. B. Freunde der Mutter (Baurmann 1983, S. 320 Tab. 34).

So erschreckend hoch die vom BKA geschätzte Dunkelziffer auch ist, wir glauben, daß sie noch zu niedrig angesetzt ist für den Bereich des sexuellen Mißbrauchs innerhalb der Familie. Denn hier wirkt nicht nur die Scheu vor einer Strafanzeige, sondern hier bestehen erhebliche Schranken, das Geschehene irgendeiner dritten Person mitzuteilen. Der sexuelle Mißbrauch durch nahe Verwandte dürfte der Bereich mit der höchsten Dunkelziffer sein. Die obengenannte Untersuchung zeigte, daß die Gefahr für Mädchen und Frauen im sozialen Nahbereich am höchsten ist, denn die Intensität des Mißbrauchs (z. B. Penetration), die Dauer der Mißbrauchsbeziehung und auch das Maß der angewandten Gewalt nehmen mit steigendem Bekanntschafts- und Verwandtschaftsgrad zu. Durch Fremde erfolgen also kurze und vergleichsweise «harmlosere» sexuelle Angriffe – allerdings auch die meisten Sexualmorde, um die Entdeckung der Tat zu verhindern (Trube-Becker 1982). Das trifft für enge Verwandte wie Väter nicht zu, da sie vielfältige Druckmittel in der Hand haben und keine Sanktionen befürchten müssen. Der Vergleich der Kriminalstatistik und der Verurteiltenziffer macht deutlich, daß nur jeder fünfte angezeigte sexuelle Mißbrauch vor einem Strafgericht verhandelt wird, obwohl von drei Tätern zwei ermittelt werden. Selbst von den aufgeklärten Taten landet nur knapp ein Drittel der namentlich bekannten Täter vor dem Kadi. Über die Gründe kann nur gemutmaßt werden, denn es gibt keine wissenschaftliche Untersuchung. Einen Hinweis liefert eine Justizaktenanalyse, die in den Jahren 1977/78/79 in Saarbrücken durchgeführt wurde. Sie ergab für die untersuchten Vergewaltigungsdelikte, daß das Verfahren um so eher eingestellt wurde, je näher der Beschuldigte das Mädchen/die Frau kannte. Hier wird deutlich, daß der Zusammenhalt von Ehe und Familie höher bewertet wird als der Schutz von Frauen und Mädchen. Auch spielt sicher der Mythos eine Rolle, der nicht nur in der Bevölkerung, sondern auch bei den Vertretern der Justiz zu finden ist: daß es sich nämlich nur dann um eine «richtige» Vergewaltigung handelt, wenn der Täter fremd ist (vgl. Weis 1982). So sind auch die Gerichte bereit, dem entrüsteten, über jeden Verdacht erhabenen Familienvater eher Glauben zu schenken als dem Mädchen, denn schließlich ist er ein «Mann wie du und ich». Obwohl bei Polizei und Gericht Kinder als die besten Zeugen gelten, wie Prof. Detlef Cabanis vom Institut für Forensische Psychiatrie der Freien Universität Berlin bestätigte, und lediglich in ca. 1 % aller Strafanzeigen dem Mädchen kein Glauben geschenkt wird, sind die Konstruktionen, mit denen die Staatsanwaltschaft die Einstellung der Verfahren begründet, oft ausgesprochen abenteuerlich. Wird tatsächlich ein Strafprozeß durchgeführt, werden so gut wie alle Angeklagten auch verurteilt und nur 7,8 % freigesprochen. Bei Vergewaltigungsverfahren dagegen ist die Freispruchrate mit 16 % die höchste von allen Straftaten überhaupt. Im Jahre 1980, in dem in der Bundesrepublik und West-Berlin der Mißbrauch von 15 871 Kindern zur Anzeige kam, wurden 1514 Männer verurteilt, davon 387 zu einer Geldstrafe und 1127 zu einer Freiheitsstrafe. Von diesen wurden knapp zwei Drittel zur Bewährung ausgesetzt. Die Freiheitsstrafen lagen in den allermeisten, nämlich 751 Fällen unter einem Jahr, 237mal zwischen 1 und 2 Jahren, 43mal zwischen 3 und 5 Jahren, und 8mal zwischen 5 und 10 Jahren. Der Strafrahmen sieht Freiheitsstrafen zwischen 6 Monaten und 10 Jahren vor, in minder schweren Fällen Freiheitsstrafen bis zu 5 Jahren und Geldstrafen.

Gerade im Hinblick darauf, daß der sexuelle Mißbrauch in der Mehrzahl der Fälle kein einmaliger Fall, sondern ein Wiederholungsdelikt ist, das gewöhnlich über Monate und Jahre unter Drohungen, Gewaltanwendung und Ausnutzung eines Abhängigkeitsverhältnisses fortgesetzt wird, ist die «Milde» der Gerichte etwa im Vergleich zu Eigentumsdelikten wohl kaum zu übersehen.

Gesetzlicher Überblick

Unter der Überschrift «Straftaten gegen die sexuelle Selbstbestimmung» regeln die §§ 174 bis 184 b StGB, welche Handlungen strafbar sind. Im einzelnen ahndet § 174 StGB den sexuellen Mißbrauch jeder Art von «Schutzbefohlenen», also Mädchen, die dem Täter zur Erziehung, Betreuung, Ausbildung anvertraut und unter 16 Jahre alt sind. Geschieht der sexuelle Mißbrauch dieser Schutzbefohlenen unter Ausnutzung des entsprechenden Abhängigkeitsverhältnisses («kommt der Täter nur oder überwiegend infolge dieser Abhängigkeit zum Erfolg»), wird die Altersgrenze für den Schutz der Mädchen auf 18 Jahre hinaufgesetzt. Der sexuelle Mißbrauch von Mädchen unter 18, die leibliche oder angenommene Kinder sind, ist ebenfalls nach dieser Vorschrift strafbar (Verjährungsdauer 5 Jahre). Als strafbare sexuelle Handlungen gelten alle körperlichen Berührungen, insbesondere der Geschlechtsteile, von einiger «Erheblichkeit», in der Absicht, «sich oder den Schutzbedürftigen sexuell zu erregen». § 176 (Verjährungsdauer 10 Jahre) sanktioniert jeglichen sexuellen Kontakt mit Mädchen unter 14 Jahren. Findet das im Gesetz als «Beischlaf» bezeichnete Eindringen des Penis in die Vagina statt, liegt ein besonders schwerer Fall des § 176 StGB vor (Verjährungsdauer 20 Jahre).

Erfolgen sexuelle Handlungen und Beischlaf durch den Einsatz von Gewalt und Drohungen, werden unabhängig vom Alter der Frau oder des Mädchens die §§ 177 und 178 StGB (Verjährungsdauer 20 bzw. 10 Jahre) angewendet. Der «Beischlaf» zwischen leiblichen Verwandten ist darüber hinaus noch gemäß § 173 StGB strafbar. Dieser Paragraph wird jedoch selten angewandt und scheint kaum bekannt zu sein.

Da die Vorschriften kompliziert und vielfältig aussehen, entsteht leicht der Eindruck, der den Mädchen gewährte Schutz vor sexueller Gewalt sei lückenlos. Bei näherem Hinsehen erweist sich dieser Schutz allerdings als unvollständig: Beispielsweise ist ein Mädchen, bei der heute bestehenden extremen Jugendarbeitslosigkeit und dem Mangel an Ausbildungsplätzen, gleichgültig ob sie 15, 17 oder 19 Jahre alt ist, verstärkt der Autorität eines Lehrherrn ausgesetzt und von dessen Wohlwollen abhängig. Bei der bestehenden Gesetzeslage (insbesondere auch durch die enge Auslegung des § 177 StGB durch die Gerichte) bleibt der Lehrherr, der den Geschlechtsverkehr mit der Androhung des Verlustes des Arbeitsplatzes erzwingt, auf alle Fälle dann straffrei, wenn die Auszubildende 19 Jahre alt ist. Ist sie erst 17, bleibt der Lehrherr straffrei, wenn die Drohung nicht wortwörtlich erfolgte, sondern lediglich in bestimmten Verhaltensweisen mitschwang.

Ein lückenloser Schutz von Mädchen und Frauen ist nur dann gewährleistet, wenn alle sexuellen Handlungen ohne Differenzierungen und Ausnahmen unter Strafe gestellt werden, sobald sie gegen den Willen und bei Vorliegen eines Abhängigkeitsverhältnisses erfolgen. Die Art der Zwangs- und Gewaltanwendung sowie das Alter der Mädchen und Frauen sind dann allenfalls straferhöhend, jedoch nicht strafbegründend zu berücksichtigen. Die entsprechende Regelung hätte den Vorteil, daß sie ohne den Paragraphenwirrwarr auskäme, viel kürzer und verständlicher wäre. Es würde auch klarer, was eigentlich geschützt werden soll, nämlich nicht die Jugend und nicht die Familie, sondern die sexuelle Selbstbestimmung von Mädchen und Frauen.

Signale und Hilferufe

Warum die Erwachsenen nicht reagieren

Wie ist es möglich, daß ein Mädchen jahrelang sexuell mißbraucht wird, ohne daß sich dies in ihrem Verhalten ausdrückt, wie bewältigt sie ihren Alltag, ohne daß den Müttern, den Erzieherinnen im Kindergarten, den Lehrerinnen, all denen, die sie täglich sehen, irgend etwas auffällt? Liegt es tatsächlich am Schweigen der Mädchen, daß alle nicht helfen können?

Das verbreitete Argument der Verantwortlichen, nichts gewußt, nichts gemerkt zu haben, ist brüchig. Fast alle Mädchen erzählten uns, daß sie immer wieder deutliche Signale ausgesandt haben. Noch viele Jahre später sind sie verzweifelt, wenn sie daran zurückdenken, weil es ihnen unbegreiflich ist, warum sie nicht verstanden wurden, sondern Unwillen oder gar Strafen erlebten.

«Immer wieder habe ich mir das Nagelbett abgenagt, obwohl das sehr weh tat», erzählte Angela. «Meine Pflegeeltern kriegten das mit und hauten mir immer auf die Finger. Sie haben mich nie gefragt, warum ich das mache.»

Der Pflegevater hatte auch allen Grund, ein Gespräch über die Ursache von Angelas Selbstbeschädigung zu meiden. Als sie 11 Jahre alt war, hatte er sie zum erstenmal sexuell mißbraucht: «Das Inzest-Tabu verhindert nicht den sexuellen Mißbrauch, sondern nur, daß wir offen darüber sprechen. Und wenn mal jemand spricht, reagieren alle wie gelähmt, sprachlos. Das Mädchen, das sich aus seiner hoffnungslosen Situation herauswagt, verstummt wie seine Zuhörer und sinkt zurück in den Sumpf der eigenen Scham. Zurück in die Einsamkeit und das Schweigen», so faßt Anna ihre Erfahrungen zusammen.

Wenn der sexuelle Mißbrauch endlich bekannt wird, fällt als erstes auf, daß es vieles im Verhalten des Mädchens gab, was hätte auffallen müssen. Sandra Butler berichtet von Frauen, die im nachhinein das merkwürdige Benehmen der Mädchen beschrieben, z. B. eine Erzieherin, die sich über eine achtjährige wunderte, weil sie sich ihr sexuell näherte und an ihr rieb. Die erwachsene Frau fühlte sich durch das Kind abgestoßen, statt sich für die Gründe zu interessieren. Eine Mutter fragte sich, warum ihre kleine Tochter täglich badete und sich zusätzlich mehrfach abschrubbte, «als ob sie sich von etwas befreien wollte». Ihr kam kein Verdacht, worum es sich handeln könnte. Eine andere Mutter ging mit der neunjährigen Tochter zum Arzt, weil sie über Bauchschmerzen klagte und dabei auf ihre Vagina deutete. Niemand verstand das Kind, bis sie mit 13 Jahren schwanger war. Elisabeth Trube-Becker berichtet von einem siebenjährigen Mädchen, das aus Angst vor den Übergriffen des Stiefvaters monatelang völlig bekleidet schlief und schon in den frühen Morgenstunden vor der Schule auf den Unterrichtsbeginn wartete. Lehrer und Mitschüler beobachteten sie, ohne nachzufragen.

Angela erzählt: «Ich hatte mehrere Sportunfälle, weil ich betrunken war. Ich habe an den Ringen ordentlich geschaukelt und auf einmal losgelassen. Dabei kam ich mit dem Kopf unten an. Wer macht denn so was? Nur jemand, der mit klarem Kopf nicht mehr denken kann. Die Lehrerin hat mich jedesmal mit Gehirnerschütterung ins Krankenhaus gebracht, und damit war der Fall erledigt. Später wurde ich wegen dem Trinken gemahnt und mit der Benachrichtigung meiner Eltern bedroht. Unterhalten hat sich niemand mit mir. Einmal, als ich etwa 12 Jahre alt war, habe ich ein anderes Mädchen, das ein Portemonnaie an einer Kette um den Hals trug, brutal gewürgt. Weil ich ja Stoff brauchte. Auf einmal lag sie da und rührte sich nicht mehr. Ich bekam Angst und rannte weg. Das Jugendamt kam trotzdem auf meine Spur. Sie sind noch nicht mal zu meinen Eltern gegangen oder haben sich länger mit mir unterhalten. Anstatt zu sagen: Moment mal, mit dem Kind stimmt was nicht, daß sie so brutal auf Menschen losgeht. Da müssen wir nachhaken ...»

Angela klammert sich an jede Person, die sich offen zeigt für ein Gespräch. «Ich habe gedacht, das ist ein Mensch, mit dem kann ich endlich mal reden. An den klammer ich mich natürlich und will ihn festhalten, ist ja klar. Wenn es mir dreckig geht, ich brauche jemanden zum Reden. Ich hatte zu diesem Zeitpunkt niemanden gehabt, niemand. Wenn ich es nicht mehr gepackt habe, dann bin ich halt auf dumme Dinger gekommen und habe Autoreifen aufgeschnitten, damit ich erst mal die Aufmerksamkeit bekam. Da wurden dann Gespräche geführt, warum, weshalb. Da war Kontakt da. Ich habe einen Menschen gesucht, zu dem ich Vertrauen hatte.»

Heike erinnert sich: «Ich weiß von zwei Mädchen in meiner Klasse, die erzählten immer dieselben Sachen von zu Hause wie ich. Ich habe alles erzählt, nur den sexuellen Mißbrauch nicht. Die beiden erzählten von ihren Vätern haargenau dieselben Sachen, das fiel mir auf. Die eine wollte nicht mehr zu Hause wohnen und sagte, daß ihr Vater ihren Freund nicht mochte und sie als Hure beschimpfte. Aber weil das so ein Tabu ist, konnte ich nichts von mir erzählen. Geredet habe ich nur mit einer Schulfreundin, der ich mal erzählt habe, wie sehr mich mein Vater unter Druck setzt. Die fragte immer wieder: Warum haßt er dich? und ließ so lange nicht locker, bis ich es ihr dann erzählt habe, warum er mich haßt. Das war toll.»

1975 stellte die amerikanische Zeitschrift *Runaways Newsletters* in einer Untersuchung fest, daß sexueller Mißbrauch eine der Haupturscachen dafür ist, daß Mädchen von zu Hause weglaufen (Butler 1978). Die Zahl derer, die das Weglaufen als einziges oder letztes Mittel sehen, um die Situation zu beenden und Hilfe zu erlangen, nahm gegenüber 1964 um ein Drittel zu: 1975 waren es in den USA 260000 Jugendliche im Alter bis zu 17 Jahren. In Berlin wurden 1982 791 Kinder und 2205 Jugendliche als vermißt gemeldet, davon 346 bzw. 1310 Mädchen.

Natürlich haben die meisten dieser Mädchen sich nicht klar und unmißverständlich ausgedrückt. Sie sind in einer zwiespältigen Situation. Einerseits wollen sie nichts verraten, denn sie haben Angst, daß niemand ihnen glaubt, daß sie der Mutter weh tun, daß der Vater seine angekündigten Drohungen wahrmacht. Andererseits brauchen sie dringend Hilfe und wollen die andauernde sexuelle Ausbeutung nicht länger ertragen.

Es liegt in der Verantwortung der Erwachsenen, Kindern in Not Schutz und Hilfe zukommen zu lassen. Auch unklares, nicht verständliches Verhalten von Mädchen enthebt niemanden – nicht die Mutter, die zuständige Sozialarbeiterin, die Lehrerin, Nachbarn oder Verwandte – von der Verantwortung für das ihnen anvertraute Kind. Die Haltung: ‹Augen zu, es wird alles von selbst wieder gut›, ist ein ganz kindlicher Wunsch. Von Erwachsenen, noch dazu von denen, die für die Hilfe in sozialen Problemen ausgebildet sind, müssen wir mehr erwarten. Die Verantwortungslosigkeit des mißbrauchenden Mannes darf sich nicht in der Ignoranz anderer beteiligter Personen fortsetzen. An den Erwachsenen liegt es, Interesse zu zeigen und Brücken zu bauen, damit das Kind anfangen kann, sich klarer auszudrücken, ohne von Angst überwältigt zu werden.

Welches sind also die Gründe, die Erwachsene hindern, die Signale von Mädchen wahrzunehmen und richtig zu deuten?
Es gibt eine allgemeine Gleichgültigkeit gegenüber der Gewalt gegen Kinder. Das zeigt ein Experiment des Kinderschutzbundes Hamburg, der in einer Parterrewohnug in einer belebten Straße ein Tonband laufen ließ mit den Schreien eines Kindes und seines prügelnden Vaters. 989 Passanten gingen innerhalb einer Stunde an dem Haus vorbei, nur 4 Bürger alarmierten die 30 Meter weiter liegende Polizei-

wache, und drei andere klingelten an der Tür des Hauses, um einzugreifen. Der Rest reagierte nicht (*Frankfurter Rundschau*, 16. 9. 1983). Auch in Berlin berichtete die Polizei von zunehmender Gleichgültigkeit gegenüber Straftaten und von mangelnder Hilfsbereitschaft in der Bevölkerung. Daß Schreie von Kindern und Frauen von den Nachbarn höchstens als Ruhestörung beklagt werden, ist seit längerem bekannt. Aber auch in der Öffentlichkeit lösen die Hilferufe eines Verbrechensopfer kaum Reaktionen aus. In Berlin haben vor allem die tätlichen Angriffe auf Frauen in der U-Bahn oder in Freibädern zugenommen, ohne daß Zeugen des Geschehens eingegriffen oder das Personal oder die Polizei verständigt haben (Berliner *Tagesspiegel*, 1. 2. 1984).

Wir beobachteten auch eine steigende Gewöhnung an Gewalt, die z. B. im Konsum von Horror-Videos ihren Ausdruck findet. Wer sich als Entspannung und Genuß Filme ansieht, die fast ohne Sprache, aber begleitet von dem anhaltenden Schreien und Wimmern von Frauenstimmen sind, der wird keinen Grund sehen, wegen solcher Schreie vor seinem Fenster oder in der Nachbarwohnung aus dem Sessel aufzustehen. So ist es möglich, die tatsächlich vor dem Küchenfenster ablaufende Vergewaltigung einer alten Frau als Live-Erlebnis oder wie im Kino mitzuerleben, wie letztes Jahr ein Ehepaar, das keinen Finger rührte, um der Frau zu helfen (*Brigitte* 24/83).

Als wir bei Jugendämtern nachfragten, welche Erfahrungen dort mit dem sexuellen Mißbrauch in der Familie gemacht würden, war jedesmal die erste Reaktion: «Das ist mir noch nicht untergekommen.» Im Lauf des Gesprächs trafen wir auf Vorurteile und Vorbehalte, etwa: «Die Mädchen provozieren das. Das kommt doch so gut wie gar nicht vor. Die Familien sind alle asozial.» Doch wir hörten auch: «Es wird sicher viel totgeschwiegen, weil ich nicht weiß, wie ich mich verhalten soll.» – «Wir sind vollkommen überlastet und haben über hundert Fälle zu bearbeiten. Da können wir uns nicht um alles kümmern.» Die Überlastung dient als Entschuldigung und Erklärung dafür, sich dieser Probleme nicht annehmen zu können. Mädchen, die beim Amt Hilfe suchen, werden dadurch entmutigt.

Angela hatte sich überwunden, allein zum Jugendamt zu gehen und dort ihre frischen Schlagspuren und Striemen vorzuzeigen. «Sie haben gesagt: ‹Es ist gut, wir sind um 6 Uhr da.› Ich habe bis 10 Uhr gewartet, aber es ist niemand gekommen. Auch nicht an den anderen Tagen. Da habe ich mir gesagt: Jugendamt ist bei mir Sense. Es ist keiner bereit, sich mal meine Kummergeschichten anzuhören und mir ein bißchen zu helfen. Das einzige, was mir geholfen hat, war besoffen zu sein, damit alles erst mal weg war. Bloß dadurch ist alles nur noch schlimmer geworden.»

Überzeugend schilderte ein Sozialarbeiter: «Wir sind überhaupt nicht darauf vorbereitet, dieses Problem anzugehen, und deshalb überfordert. Sexualität und sexueller Mißbrauch sind auch unter Kollegen und Kolleginnen kein Thema. Wir haben gar nicht gelernt, über Sexualität mit unseren Klienten zu reden, ganz zu schweigen mit kleinen Mädchen.»

Eine Psychologin, die lange Jahre in einem Zentrum für Legastheniker gearbeitet hat, erzählt, daß Mädchen zwischen 10 und 12 Jahren öfter Andeutungen gemacht haben, die bei ihr und den Kolleginnen den Verdacht geweckt hatten, es sei zu sexuellem Mißbrauch gekommen. Doch für eine Intervention bei den Eltern seien die Angaben zu vage gewesen. Im Vordergrund stand die Angst, einen solchen schwerwiegenden Verdacht überhaupt auszusprechen.

Eine Sozialarbeiterin der Familienfürsorge sprach von ihrer Angst vor einer sie möglicherweise erdrückenden Verantwortung. Denn wenn sie den sexuellen Mißbrauch als Realität anerkennt, ihn beim Namen nennt, muß sie auch tätig werden und darf sich nicht davon abhalten lassen, daß der Beschuldigte alles empört abstreitet und mit einer Dienstaufsichtsbeschwerde droht. Sie muß sich gegen Vorurteile behaupten wie: «Es ist doch gar nichts passiert», «Das ist doch alles ganz harmlos», «Wir sind eine freie Familie», «Ich bin doch nicht so einer». Auch ein möglicher Entrüstungssturm der Familie und der Kollegen darf sie nicht daran hindern, alles zu unternehmen, um den Verdacht bestätigt oder widerlegt zu finden. Und sie muß riskieren, sich lächerlich zu machen, wenn sie nichts erreicht.

Wer das Mädchen und ihre Persönlichkeit ernst nehmen will, muß sich mit allen Konsequenzen für sie einsetzen. Es gibt keine andere Alternative, als in den Familienverband einzugreifen, mit dem Risiko, daß die Familie auseinanderbricht. Das kann im schlimmsten Fall eine Heimeinweisung für die Kinder bedeuten, oder der Vater kann ins Gefängnis kommen. Wer sich mit Kindesmißhandlung beschäftigt hat, weiß, daß es sich kaum je um einen einzelnen «Ausrutscher» handelt, sondern um Wiederholungstaten. Das gilt auch für den sexuellen Mißbrauch. Daher kann das Mädchen nur dann wirksam geschützt werden, wenn sie nicht länger mit dem Mann zusammenleben muß, der sie mißbraucht hat. Die Familie als Institution muß immer dann in Frage gestellt werden, wenn ihre Mitglieder nicht vor Gewalt und Vergewaltigung geschützt sind, sondern geradezu ausgeliefert werden.

Die Angst und die eigenen Probleme der professionellen Helfer führen dazu, daß zuständige Stellen nicht tätig werden. Innerhalb der betroffenen Familien herrscht eisiges Schweigen, und andere distanzieren sich von der Verantwortung – auch Frauen. Sicher ist solches Verhalten menschlich und verständlich. Doch ist niemandem geholfen, wenn wir die Hilflosigkeit und Untätigkeit von Müttern, Lehrerinnen oder Sozialarbeiterinnen durch Verständnis zudecken. Im Gegenteil: Wenn wir statt öffentlicher Kritik Verständnis zeigen für die Tatenlosigkeit von Frauen, tragen wir dazu bei, den sexuellen Mißbrauch zu verlängern. Verständnis darf nicht dazu dienen, vor dem Ausmaß der sexuellen Gewalt zu kapitulieren. Vielmehr muß dieses Verständnis die Grundlagen schaffen für Möglichkeiten der Veränderung und realistischen Einschätzung der eigenen Kräfte.

Es genügt nicht zu erkennen, daß Gewalttäter ganz normale Männer sind und jeder Mann ein Gewalttäter sein könnte. Es genügt auch nicht, die körperliche Überlegenheit der Männer und die ökonomische Abhängigkeit von Frauen und Kindern öffentlich zu machen und anzuprangern. Der Bestand patriarchaler Gewaltverhältnisse gründet sich auch auf Frauen, die andere Frauen im Stich lassen, ihnen sogar in den Rücken fallen oder schweigen, wenn ihnen Gewalt angetan wird. Durch ihr Verhalten tragen sie dazu bei, die bestehenden Machtverhältnisse zu stabilisieren. An dem bestehenden Gewaltverhältnis zwischen Vätern und Töchtern wird sich nichts ändern, solange Frauen der öffentlichen Diskussion um den sexuellen Mißbrauch aus dem Weg gehen, nicht offensiv werden, ihr Wissen darüber nicht weitergeben, bei Prozessen keine Öffentlichkeit herstellen, in Frauenzeitungen nicht berichten usw.

Wir glauben nicht, daß wir Männer ändern können, aber wir wissen, daß wir uns selbst ändern können. Wenn wir dazu beitragen, daß die Alltäglichkeit des sexuellen Mißbrauchs in der Familie allgemein bewußt wird, dann werden wir der Gewalt ein Stück Boden entziehen. Die Bereitschaft und Fähigkeit, sich mit dem sexuellen Mißbrauch auseinanderzusetzen, hängt auch davon ab, wie wir selber als Mädchen gelebt und gefühlt haben, wie wir jetzt mit unseren Bedürfnissen umgehen und ob wir uns als Person wichtig nehmen können.

In diesem Zusammenhang wollen wir auf die Gründe eingehen, die Mädchen veranlassen, jahrelang über den sexuellen Mißbrauch zu schweigen, sogar mit allen Mitteln zu verhindern, daß irgend jemand davon erfährt. Immer dann, wenn Mädchen verunsichert, erpreßt, bedroht und isoliert sind, ist mehr als nur Gesprächsbereitschaft nötig, um diesen Teufelskreis zu unterbrechen.

Angst und Scham

Warum Mädchen schweigen

Christiane berichtet von den Tagen, die ihrer Vergewaltigung folgten:

«Meine Gedanken waren immer bei meiner Mutter im Krankenhaus. Ach, könnte ich doch mit jemandem reden!

Mittags, als ich nach Hause kam, war meinem Vater wohl klargeworden, was er in der Nacht zuvor angerichtet hatte. Er mußte eine panische Angst gehabt haben und konnte seine Unsicherheit nicht verbergen. Nur versuchte er, seine Angst auf mich abzuwälzen. Er sagte: ‹Du weißt, was passiert ist. Du weißt auch, daß das verboten ist. Und wenn du was sagst, egal zu wem, ich bring dich um.› Dann sagte er: ‹Und wenn du was sagst, dann lachen dich ja auch alle aus, stell dir vor, du kriegst einen dicken Bauch, was die Leute dann von dir denken werden! Los, mach zweihundertfünfzig Kniebeugen.› Und ich begann zu zählen – 1, 2, 3 – bei 199 konnte ich nicht mehr und fing an zu weinen. Was war er doch für ein gemeiner Kerl, er tat mir das an und versuchte sich noch über mich lustig zu machen, indem er mir vormachte, wie wohl Verwandte reagieren würden, wenn sie erführen, was er gemacht hatte. Ich nahm das damals alles für bare Münze. Ich ahnte ja nicht, daß er selber Angst hatte. Aber so setzte er mich unter Druck, den Mund zu halten. Tagelang war bei uns zu Hause nur das eine Thema aktuell: Christiane, was sollen die Leute von dir denken, wenn das rauskommt? Er redete so lange immer nur von diesem Thema, bis ich zuletzt glaubte, ich sei an allem schuld! So war mein Vater. Als ich glaubte, er hätte sich nun endlich beruhigt nach einigen Tagen, er stand vor dem Spiegel und kämmte sich, sprang er plötzlich vor mich und brüllte mich aus heiterem Himmel an: ‹Du Hure, sag, daß du nie mit einer Menschenseele darüber sprechen wirst, schwöre es – los, los – schwöre!› Als ich nicht gleich reagierte, weil ich mit meinen Gedanken ganz woanders war, schrie er weiter: ‹Los, sag was, sonst – sonst, na sonst schmeiße ich den Küchenschrank um.› Bei den letzten Worten hatte er die Hände schon unter das Oberteil des Schrankes gelegt. Vor lauter Angst sagte ich: ‹Ja, ich schwöre.› Denn hätte er den Schrank umgestoßen, hätte ich wieder die Arbeit davon, tagelang die Scherben des Geschirrs aufzulesen, und obendrein hätte er wieder einen Grund gehabt, auf mir herumzuhacken. Oh, ich kann es bald nicht mehr aushalten. Hoffentlich schreibt meine Mutter mir bald. Ich hatte mir vorgenommen, ihr auf keinen Fall von dem Vorfall zu erzählen. Es war falsch. Aber in meiner kindlichen Rücksichtnahme glaubte ich, ihrer Gesundheit noch mehr zu schaden.

Täglich quälte mein Vater mich grausamer. Ich, das Kind, war durch und durch schlecht. Und er, er war sauber und rein. Ein echter Deutscher. Er redete immer von den Vorzügen der Hitler-Ära, ein Volk, ein Reich, ein Führer. Er, ein deutscher Mann, grade, groß und aufrichtig. ‹Wie›, fragte er mich, ‹heißt es in dem Gedicht? – sei tapfer, treu und wahr!›

Das mußte ausgerechnet er sagen! –

Vierzehn Tage nach dieser schrecklichen Nacht hatte ich das Gefühl zusammenzubrechen. Ich konnte einfach nicht mehr. Ich hatte schwarze Ränder unter den Augen. Meine Augen selbst waren rot, und meine Schultern hingen schlapp und schwer nach unten gebeugt, ich schleppte mich mit meiner seelischen Last nur noch so durch die Gegenwart. Ich mußte ständig an meine Mutter denken. Hoffentlich wird sie wieder gesund. Ich wollte doch noch ein paar Jahre mit ihr zusammen bei meiner Oma leben. Ohne meinen Vater. Den haßte ich jetzt von Tag zu Tag mehr. Ich hatte mir schon mal ausgemalt, ob er wohl merken würde, wenn ich nachts aufstehe und ihm eine schwere Keramikvase auf den Kopf hauen würde?

Der Gedanke setzte sich in meinem Kopf fest. Aber was wäre dann, wenn ich das geschafft hätte?»

Angst, Rücksicht und Scham hinderten dieses Mädchen zunächst, das zu tun, was sie sich am sehnlichsten wünschte, nämlich mit jemandem zu reden und Trost zu suchen. Sehr oft machen Väter ihren Töchtern unmißverständlich klar, daß sie zu schweigen haben. Die Drohung, sie zu bestrafen oder sie zu töten, kommt hinzu. Besonders wirksam ist auch die Ankündigung, daß die Mutter sie bestrafen wird, denn sie entzieht dem Mädchen den wichtigsten Schutz. Für Mädchen wie Christiane ist die Angst, daß der Vater sie mißhandeln oder umbringen wird, besonders nah, denn sie haben ihn schon oft gewalttätig erlebt und die eigene Wehrlosigkeit in diesen Situationen erfahren.

Derartige Einschüchterungen sind nicht immer nötig. Auch kleine Mädchen wissen schon genau, daß die Ehe der Eltern, Ansehen und Bestand der Familie von ihrem Schweigen abhängig sind. Oft entwickeln sie unglaubliche Stärke, um die Verantwortung für die gesamte Familie zu tragen.

«Ich konnte mit meiner Mutter nicht darüber reden, das hätte ich nicht über mich gebracht. Ich dachte, es ist das Beste für alle, wenn ich allein eine Lösung finde» (Pia).

«Ich dachte, wenn ich alles erzähle, dann kommt mein Vater ins Gefängnis. Aber meine Geschwister waren doch alle noch klein, und er war der Ernährer. Wie hätten sie denn alle versorgt werden können?» (Carola).

Viele Mädchen erdulden die sexuelle Gewalt, um die jüngeren Schwestern zu schützen. In einigen Fällen zeigt die Tochter den Mißbrauch an, wenn sie erkennt, daß nichts ihm Einhalt gebietet. Ein Mitarbeiter des Jugendamtes erzählte, daß ein dreizehnjähriges Mädchen den Mißbrauch durch den Vater verschwieg, um der jüngeren Schwester, die sehr unter dem plötzlichen Tod der Mutter litt, ein Zuhause zu erhalten. Als sie erfuhr, daß der Vater sich an der Kleinen vergriff, zeigte sie ihn an.

«Wenn ich was gesagt hätte, dann hätten wir doch nicht so weiterleben können. Ich hätte niemandem mehr in die Augen sehen können», sagte Carola. Unter dem Druck, das Bild der intakten Familie, des guten Vaters und Ehemannes nach außen und innen aufrechtzuerhalten, ist Gegenwehr gegen die sexuelle Ausbeutung unmöglich. Die Furcht des Mädchens, eine Kettenreaktion auszulösen, wenn sie spricht – die Kinder ins Heim, die Ehe der Eltern zerbrochen, der Vater ins Gefängnis, die Mutter unversorgt –, wird zum Mittel ihrer Erpressung. Wir haben gehört, welcher Druck durch die Familienangehörigen ausgeübt wird, um die Tochter zum Widerruf ihrer Aussage zu bewegen. Sie wird mit Vorwürfen überschüttet und allein dafür verantwortlich gemacht, daß die Familie in Gefahr ist. Nicht den Vater, der die Katastrophe ausgelöst hat, treffen die Vorwürfe, sondern das Mädchen, die die Katastrophe beim Namen nennt. Sich diesem Druck entgegenzustellen, den sexuellen Mißbrauch zu offenbaren und fest bei der Wahrheit zu bleiben, fordert ungeheuren Mut.

Viele Mädchen haben das Gefühl, daß es das, was ihnen passiert, eigentlich gar nicht gibt, daß sie die einzigen auf der Welt sind, denen so etwas angetan wird, und daß es deshalb etwas mit ihnen selbst zu tun haben muß.

«Das Ganze war so ein großes Tabu, daß es für mich gar nicht denkbar war, mit jemandem darüber zu reden. Ich habe nicht daran gedacht, weil ich glaubte, das passiere nur mir, und ich wollte ja alles vertuschen» (Heike).

In ihrer Isolierung fürchten die Mädchen, daß ihnen nicht geglaubt werden wird, sondern den erlittenen Verletzungen weitere hinzugefügt werden.

«Ich hatte auch mal an das Jugendamt gedacht, wußte aber nicht, was das eigentlich ist und was die machen. Ich dachte, sie stecken mich zur Strafe ins Heim, weil sie sowieso auf der Seite der Eltern stehen und mir nicht glauben. Zu anderen Erwachsenen hatte ich wenig Vertrauen. Verboten hat er mir nie, darüber zu reden. Ich war völlig sicher, mir glaubt eh niemand, vielleicht, weil Kinder eine ganz andere Stellung haben in der Gesellschaft und die Erwachsenen alles untereinander besprechen und regeln» (Heike).

Wie real ihre Befürchtungen sind, müssen viele erfahren, wenn sie an die Öffentlichkeit gehen, wenn z. B. Gerichte auf ihr langes Schweigen mit völligem Unverständnis und Unterstellungen reagieren: Wenn es wirklich so schlimm war, wie sie sagt, warum hat sie denn so lange mitgemacht? War sie am Ende doch mit den sexuellen Handlungen einverstanden?

Was wir tun können

Wenn wir mit Mädchen zusammen wohnen oder arbeiten, sollten wir alle ungewöhnlichen Verhaltensweisen, auch wenn sie bisher nicht mit der Möglichkeit des sexuellen Mißbrauchs in Verbindung gebracht wurden, wahrnehmen und als Botschaften ansehen, daß etwas nicht stimmt. Jedes Mädchen sucht sich ihrer Situation und ihren Möglichkeiten entsprechende Ausdrucksformen. Sie sind so unterschiedlich, wie tägliche Lebensäußerungen nur sein können. Ausschlaggebend ist, daß sie im Vergleich zu dem gewohnten Verhalten dieses Mädchens auffallen. Mit diesen Hinweisen können ebenso andere Problembereiche gemeint sein, wichtig ist aber, daß wir die Möglichkeit mit einbeziehen, daß das Kind sexuell mißbraucht wird. Hinweise können sein: häufiges Weinen, sich an die Mutter klammern, sie nicht weggehen lassen, nicht allein bleiben oder allein schlafen wollen. Das muß nicht immer bedeuten, daß das Mädchen der Mutter keinen Freiraum gönnt, sondern vielmehr, daß sie mit dem Vater, Bruder, Onkel nicht allein bleiben will, weil sie inzwischen weiß, was auf sie zukommt bzw. daß sie dann die Erinnerung an bereits Vorgefallenes überwältigt. Plötzliche Gewichtszunahme oder -abnahme, Leistungsabfall in der Schule oder auch ungewohnt ehrgeiziges Bemühen dort, Schule schwänzen, Weglaufen, Konzentrationsschwäche, Schlafstörungen, Appetitlosigkeit, Nervosität, Trinken oder andere Drogen nehmen sind Signale ebenso wie dem Vater aus dem Weg gehen, ihn körperlich meiden, nicht küssen wollen, sich gegen

Zärtlichkeiten wehren. Dies und vieles mehr sind Zeichen, mit denen die Mädchen etwas sagen wollen. Um sie zu verstehen, müssen wir immer wieder nachfragen, verstehen wollen und nicht strafen. Genauso wichtig ist es, sie zu beobachten, ob sie auf einen Mann in der Umgebung mit Angst oder Abwehr reagieren, und ebenso auf das Verhalten der Männer achten: Wenn ein Vater seiner Tochter auffallende Geschenke macht oder sie besonders eifersüchtig überwacht, z. B. nicht will, daß sie Kontakt zu Schulfreundinnen hat oder mit einem Freund geht.

Und falls ein merkwürdiges Verhalten wahrgenommen wird, ist es immer besser, direkte Fragen zu stellen als tatenlos zuzusehen.

«Das ist mir mit der Zeit in Fleisch und Blut übergegangen»

Überlebensstrategien im Alltag

Wer jahrelang in der Situation des Mißbrauchs lebt, entwickelt oft perfekte Überlebensstrategien im Alltag. Den meisten Kindern ist eine direkte oder gar körperliche Gegenwehr nicht möglich. Hilfe von anderen, Stärkeren bleibt aus, da der Zwang zur Geheimhaltung eine offene Hilfesuche unmöglich macht. Es bleiben vielfältige Zwischenformen aktiver und passiver Abwehr. Die Mädchen versuchen, sich dem Mißbrauch zu entziehen oder mit allen erdenklichen Mitteln das Interesse des Mißbrauchers von sich abzuwenden. Können sie ihre Situation nicht verändern, bleibt ihnen manchmal nur der Ausweg, den eigenen Bewegungsspielraum einzuschränken, die eigene Persönlichkeit zu reduzieren, den Körper zur Unförmigkeit zu verändern oder auf jede Form der Zuwendung zu verzichten, Berührungen zu meiden, sich abzuhärten. Sich entziehen, unsichtbar werden, bloß nicht auffallen, nicht greifbar sein. Diese Verhaltensweisen gehen den Mädchen nach und nach «in Fleisch und Blut über».

Je kleiner die Mädchen sind, desto beschränkter sind ihre Möglichkeiten, zu entwischen. Sie dürfen nicht viel allein unternehmen, sind zu Gehorsam verpflichtet und müssen den Eltern über jeden Schritt Rechenschaft ablegen. Sie sind viel mehr in den Familienalltag und alle Familienrituale eingebunden als z. B. Jugendliche. Rituale, die die Zusammengehörigkeit der Familie betonen sollen, oder einfach Gewohnheiten der Gemeinsamkeit, die zum Kleinfamilienalltag gehören und die Glück, Harmonie und gutes Familienleben bedeuten. Das reicht vom gemeinsamen Essen über das abendliche Sitzen vor dem Fernseher, Familienspaziergänge, gemeinsame Ferien, gemeinsames Baden am Samstag, sonntägliches Frühstück im Bett, Gute-Nacht-Küsse. All das erschwert es den Mädchen sehr, dem Familienmitglied, das sie mißbraucht, aus dem Weg zu gehen. Das Familienleben zwingt sie immer wieder in körperliche Nähe zu ihm. Ablehnungen sind strafbar. Das Interesse der Mutter richtet sich auf ein harmonisches Zusammenleben: Ein Vater, der sich um die Kinder kümmert und sie lieb hat; Kinder, die am Vater hängen und brav sind.

Hauptsache, alle sind zusammen. In dieses Netz schneiden sich die Mädchen mühevoll und vorsichtig ihre Schlupflöcher.

Heike beschreibt uns, wie sehr sie dem Mißbrauch durch ihren Stiefvater ausgesetzt war und wie sie immer wieder versuchte, ihm zu entkommen:

«Bei mir fing alles an, als meine Mutter aus heiterem Himmel sagte, ich müßte ihn küssen, wenn er von der Arbeit kam. Das war vorher nicht üblich. Auch redete er nicht mit uns Kindern oder hat höchstens ein paar Sachen verboten ... Irgendwann fing er dann mit dem Mißbrauch an, erst ganz flüchtig. Er lag beim Fernsehen immer als einziger auf dem Sofa. Wenn er weg war, lagen wir Kinder manchmal auch darauf. Als er einmal nach Hause kam, wollte ich aufspringen, aber er sagte: ‹Nein, bleib liegen.› Also mußte ich liegen bleiben, denn es war kein Widerspruch gegen den Vater geduldet. Da es ja sein Sofa war, legte er sich zu mir und fing an, mich zu befingern, also unter den Rock zu fassen, in die Hose rein usw. Das entwickelte sich zum abendlichen Fernsehritual. Von diesem Tag an mußte ich das jeden Abend machen, vor der ganzen Familie. Es stand zwar ein Tisch vor dem Sofa, so daß es nicht sofort sichtbar war – aber wenn jemand zum Fernseher ging, dann war es eben doch sichtbar. Das war je nach Jahreszeit unterschiedlich unangenehm für mich. Im Sommer hatte er es leichter, da ich weniger Sachen anhatte, im Winter war ich stärker geschützt. Meine Mutter saß auch dabei, in der anderen Ecke des Zimmers. Es war nicht nur unangenehm für mich, sondern hat auch weh getan, denn er rieb so doll, daß es schmerzhaft war.

Je älter ich wurde, so änderten sich die Rituale. Irgendwann war ich so groß, da paßten nicht mehr zwei Leute aufs Sofa, und dann fing er an, mich in die Stube zu rufen, nachmittags, wenn die Mutter arbeitete. Er zog mir dann auch Kleidungsstücke aus, und es wurde immer einen Schritt unangenehmer. Dann kam meine Mutter ins Krankenhaus, und er rief mich ins Schlafzimmer. Er hatte da eine Keksdose, und ich dachte: ‹Juchhu, ich kriege einen Keks!› Ich war ganz beglückt. Aber es war ganz anders, er legte mich in sein Bett. Das geschah mehrere Male, ein- oder zweimal in der Woche über ein halbes Jahr, immer für ein oder zwei Stunden, manchmal nachts, wenn alle schliefen, oder sonntags morgens. Und dann kam meine Mutter aus dem Krankenhaus wieder, und ich war schon elf. Und dann sagte sie zu mir: ‹Geh zu Papa ins Bett›, so daß diese Gewohnheiten nie endeten. Das sagte sie mir mehrere Male. Ich weiß nicht, was meine Mutter sich dabei gedacht hat. Aber es war offensichtlich, daß er uns als Kinder ignorierte, daß er nicht mit uns spielte oder redete und es nicht so ein Ins-Bett-Gehen sein konnte: Na, jetzt spielt mal, tobt rum!, wie es einige Eltern mit ihren Kindern machen.

Als ich neun Jahre alt war, hat er auch Zungenküsse mit mir gemacht. Das war ja sichtbar, und ich glaube nicht, daß meine Mutter das nicht gewußt hat. Meistens hat er mich angefaßt und auch mal versucht, in mich einzudringen. Einmal hat er mir auch sein Glied gezeigt ... na, das war alles ganz übel. Die Mutter hatte wenig zu sagen, er war sehr gewalttätig. Wenn er uns sexuell nicht kriegen konnte, dann gab's Familienkrach mit meiner Mutter. Dann wurden Sachen durch die Gegend geschmissen und geschrien. Dann sagte er mitten in der Nacht: ‹Die Matratzen im Kinderzimmer gehören mir, und ich will nicht, daß jemand darauf schläft.› Also mußten wir mitten in der Nacht raus aus den Betten. Wir hatten mit ihm ein tägliches Katz-und-Maus-Spiel. Vielleicht hat meine Mutter deshalb alles geschehen lassen, damit Ruhe war. Das Sofa war noch unentrinnbar, das gehörte dazu. Das Entwischen geschah erst später, als er mich in die Stube rief. Da war ich halt froh, wenn ich Nachhilfe geben konnte, oder ich hab in den Ferien versucht, Jobs zu kriegen und viel zu arbeiten, um nicht zu Hause sein zu müssen.

Zwischen ihm und den Kindern lief absolut keine Kommunikation, noch nicht mal Befehle. Das machte meine Mutter. Sie richtete es so ein, daß er alles hatte. Zum Essen wurde er gerufen, wenn der Braten auf dem Tisch stand. Und er schnitt sich die besten Stücke ab, und erst dann durfte sich die Familie zu Tisch setzen. Das einzige für uns war, möglichst unauffällig zu sein, daß er nicht wieder explodieren konnte. Aber irgendwie war es dann nicht mehr möglich. Er schrie dann rum, das war wirklich beängstigend, meine Mutter hat er auch geschlagen. Ganz zum Schluß kam er dann mit Morddrohungen. Er hatte sich kaum noch unter Kontrolle. Mit den Annäherungen wurde es immer schlimmer. Dann begutachtete er auch meine Brüste, und ich habe gedacht, wenn ich jetzt einen BH trage, dann wird es besser und dann kann er nicht mehr anfassen. Aber er fand trotzdem immer Mittel und Wege, mich doch zu kriegen. Dann fing er an, mir hinterherzuschleichen und auf mein Zimmer zu kommen. Wenn er die Tür aufmachte, sagte er: ‹Bleib so sitzen, das ist eine gute Stellung.› Und dann berührte er mich. Da konnte ich mich nirgends mehr zurückziehen» (Heike).

Umsichtig und wachsam versuchen die Mädchen, Berührungen zu meiden, dem Alleinsein mit dem Vater aus dem Weg zu gehen, ohne daß allen, mit denen sie die Wohnung teilen, auffällt, was vor sich geht, ohne daß ihr Verhalten den häuslichen Frieden in Gefahr bringt.

Anna beschreibt ihre Strategien:

«Damals hatte ich schon eine ganze Menge Techniken entwickelt, dem zu entgehen. Ich hab immer darauf geachtet, daß ich nicht allein mit ihm im Zimmer bin, daß ich mich schnell wasche, oder gar nicht. Auch habe ich eine ziemlich krumme Haltung: Brüste verstecken und so. Da hatte ich immer Krach mit meiner Mutter, ich solle gefälligst grade gehen. Ich habe mich zunehmend gegen Umarmungen gewehrt, mich von vornherein weggedreht oder bei Begrüßungen sofort die Hand ausgestreckt, damit er gleich klar weiß, ich will ihm nur die Hand geben und sonst nichts. Ich hab mich nicht neben ihn aufs Sofa gesetzt – mit der Zeit ist mir das in Fleisch und Blut übergegangen. Es war mein Problem und ging niemanden etwas an, ich mußte das für mich lernen.»

Unsichtbar oder unförmig werden

Wenn alle Rückzugsmöglichkeiten und Fluchtwege nur Sackgassen sind, dann bleibt als letzter Ausweg ein Rückzug in sich selbst. Wenn der ständige Übergriff auf den eigenen Körper nicht verhindert werden kann, wenn Persönlichkeit und Würde durch diesen Körper angreifbar und verletzlich sind, dann wird eine tiefgreifende Spaltung vorgenommen: mein Selbst und mein Körper sind nicht mehr identisch. Das Selbst zieht sich so weit zurück, daß der äußerliche Mißbrauch des fremdgewordenen Körpers keine solche Verletzung mehr sein kann. Diese Spaltung vermittelt die Illusion der Kontrolle über sich selbst, wenn schon die Kontrolle des eigenen Lebens, des eigenen Körpers nicht gelingt.

Sandra Butler sprach im Rahmen ihrer amerikanischen Untersuchung mit einigen Frauen, denen es in sehr frühen Jahren gelang, sich emotional abzuschotten, weitergehende Schäden durch den Mißbrauch zu verhindern. Allerdings holte der Schaden sie aus der Gegenrichtung ein: Diese Abwehrmechanismen waren ihnen so sehr zur zweiten Natur geworden, daß sie ihr ganzes Leben darunter litten, nicht zu tiefen Gefühlen fähig zu sein und die emotionale Verbindung zu sich selbst und zu anderen verloren zu haben.

Eine sehr radikale Spaltung zwischen Selbst und Körper finden wir bei magersüchtigen Frauen. In der Pubertät wird die Entwicklung weiblicher Körperformen und die Reaktion der Umwelt oft als fremd und aufgezwungen erlebt. Die Erfahrung des sexuellen Mißbrauchs potenziert diese Grunderfahrung: Frau sein = machtlos sein = benutzbar sein = Körper sein. Das Mädchen setzt seine Lösung dagegen: Spaltung, totale Kontrolle, Ablösung des Selbst, um einem vorbestimmten Schicksal zu entgehen. Das Selbst ist mit dem Körper nicht mehr unmittelbar verbunden, sondern regiert ihn von fern, indem die Körperfunktionen, das Essen innerhalb und außerhalb des Körpers kontrolliert werden. Ein Mädchen, das hautnah erlebt, was es bedeutet, in einem weiblichen Körper zu stecken und das nicht ändern zu können – weder das Schicksal als Frau noch die Funktionalisierbarkeit des weiblichen Körpers für männliche Sexualinteressen –, setzt die oben beschriebene Spaltung fort: Frau sein und Ich sein ist nicht mehr identisch. Auf diese Weise kann ein Mädchen den eigenen Entwurf einer selbständigen Existenz phantasieren. Nur nicht so werden, wie eine Frau verlangt wird, wie sie selbst schon erlebt hat, was es heißt, Frau zu sein. Ganz anders will sie sein.

Eine ganz andere Strategie, die auf den ersten Blick wie die Kehrseite der Medaille aussieht und doch ebenfalls dazu dient, den Mißbrauch zu unterbinden, ist das Dickwerden. «Ich habe so viel gegessen, bin so dick geworden, bis ich dachte, so faßt mich keiner mehr an», sagte uns Manuela.

Hier wird ein Zwiespalt deutlich, in dem die Mädchen stecken; daß sie den eigenen Körper ablehnen und verunstalten müssen als einzige Hoffnung, dem Übergriff ein Ende setzen zu können. Was es für ein Mädchen in der Pubertät heißt, sich häßlich zu machen, weil es nicht schön sein darf, das können sich sicher viele von uns vorstellen.

Wenn ein Mädchen sich Kilo für Kilo einen fetten Körper anißt, so sind darin verschiedene Momente des Selbstschutzes zu erkennen. Der Mißbrauch, der ja meist in Berührungen besteht, wird – Fettschicht um Fettschicht – ferngehalten. Ein Polster wird zwischen das Selbst und die Umwelt geschoben, das wärmt und schützt und dadurch, daß es Abscheu hervorruft, die Hoffnung nährt, den Mißbraucher abzuschrecken. Gleichzeitig wird durch das Essen dem mißbrauchten, gehaßten Körper etwas Gutes getan und Trost gespendet. So besteht eine intensive Verbundenheit mit dem Körper. Mädchen, die durch Gewichtszunahme versuchen, den Mißbrauch abzuwehren, leiden aber sehr unter ihrem Aussehen. Sie werden von Gleichaltrigen und Erwachsenen verspottet, nicht zuletzt auch vom Mißbraucher selbst, und quälen sich mit Abmagerungskuren. Sie erleben nicht die Euphorie der Magersüchtigen, sondern die Ambivalenz zwischen der Notwendigkeit des Selbstschutzes und dem Wunsch, schön zu sein.

Ansätze zur Gegenwehr

Mädchen, die auf die eine oder andere Weise indirekt Widerstand gegen den sexuellen Mißbrauch geleistet und sich nicht aufgegeben haben, können den Schritt zu offensiverer Gegenwehr schaffen.

«Das erste und das einzige Mal, daß ich was dagegengehalten habe, da war ich 14. Da war großes Konfirmationsfest. Ich mußte in den Keller, um Wein zu holen, und der Freund von meiner Oma sagte: ‹Ich komme mit, ich helfe dir.› Ehe ich's mich versah, hatte er mich gegriffen und versuchte wieder, mich zu küssen. Ich hab mich dann losgerissen und gesagt, er solle mich in Ruhe lassen, bin die Treppe hochgerannt und ins Bad. Er war unheimlich schnell hinter mir her und sagte noch, ich solle bloß mit niemandem darüber reden. Das hatte er noch nie gesagt. Ich konnte nicht schreien, sonst wäre dieser ganze Familienclan aufgeflogen. Und das wollte ich nicht. Darum hab ich ihn nur angezischt, er solle machen, daß er wegkommt, und mich in Ruhe lassen. Ich war unheimlich aggressiv und wütend. Danach ist auch nichts mehr passiert» (Anna).

«Als ich anfing, Jeans zu tragen, gingen die Reißverschlüsse oft auf, und ich hab sie von innen mit einer Sicherheitsnadel befestigt, so daß sie von außen nicht sichtbar war. Dann kam er und versuchte, daran rumzufummeln, und wußte nicht, warum er sie nicht aufkriegte. Das war es dann also. Wir haben ja nie miteinander geredet, darum hat er auch nicht gefragt: Was ist denn damit? Das ging eine Woche lang, und dann sagte er, er fühle sich gedemütigt und würde nicht mehr kommen. Er hat mir geschworen, mir das Leben so schwer wie möglich zu machen, wutentbrannt und mit einer Stimme, die mir nahe ging, und drohend. Nach dieser Woche ging die Hölle erst richtig los ... Als ich auszog, mißbrauchte er verstärkt meine Schwester» (Heike)

Erwachsen werden

Erinnerungen sind wie eine Zeitbombe

Zwischen Verdrängen und Verarbeiten

Erinnerungen sind wie eine Zeitbombe. In vielen von uns liegen sie, und wir wissen gar nicht, was in uns verschüttet ist. So leise und fast unhörbar ticken sie. Manchmal sind sie laut, nicht zu ignorieren. Noch zünden sie nicht, aber wir sind voll Angst und Unruhe, wann es soweit sein könnte, lauschen in uns hinein auf jedes verdächtige Geräusch, versuchen, die Zeit stillstehen zu lassen, wenden alle Kraft auf, um die Explosion zurückzudrängen, von der wir fürchten, daß wir ihre Gewalt nicht ertragen werden. Und es gelingt, wir atmen auf: Was immer es auch ist, wovor wir uns fürchten, wir konnten es verdrängen. Das Leben geht weiter. Und dann ganz plötzlich ist es irgendein Satz, ein Bild, ein Zimmer, ein Mann, eine Berührung, die uns überrumpelt. Es kommt ganz unerwartet, wir sind nicht wachsam genug, und da ist die Explosion: Alle unterdrückten Gefühle und Erinnerungen überschwemmen uns, unsere Abwehr hält nicht stand, und da stehen wir all dem gegenüber, was uns angetan wurde – genau das wollten wir vermeiden. Erinnerungen können auch ein Vulkan sein, auf dessen unsicherem Boden wir stehen, das Beben unter den Füßen spüren und von Ausbruch zu Ausbruch wissen, daß es nicht der letzte war.

Manche Frauen leben immer am Rande der Erinnerungen, hin- und hergerissen zwischen dem Wissenwollen und dem Nichtwissenwollen. Bei einigen ist die Abwehr stärker, die Angst vor dem Riß in der eigenen Geschichte. Andere arbeiten sich ab in dem verzweifelten Versuch, sich zu erinnern: da ist die Gewißheit, daß irgend etwas geschehen ist – minutenlang? jahrelang? – und völlig aus dem Gedächtnis verschwunden. Es ist beunruhigend, sich auch nur an eine halbe Stunde des eigenen Lebens nicht erinnern zu können, wenn diese halbe Stunde ausschlaggebend gewesen sein kann. Genau zu erinnern, wer was getan hat, wie sich das kleine Mädchen damals gefühlt hat, das ist Voraussetzung für eine Verarbeitung der Erlebnisse. Ohne Unterstützung ist das schwer. Reden können allein nützt nicht immer. Es ist nur der Anfang. Viele Frauen, die sexuellen Angriffen ausgesetzt waren, können nach einiger Zeit scheinbar problemlos darüber reden. Auch das ist hart genug zu erlernen. Aber es heißt nicht, daß die Gefühle von Wut, Schmerz und Ohnmacht, das Gefühl der Beschädigung, zugelassen und durchlebt wurden und in der Identität der erwachsenen Frau ihren Platz gefunden haben. Es bedarf sehr viel positiver Energie und Bestärkung, solche Erfahrungen zu integrieren, Schuldgefühle zu ertragen und zu überwinden, die Aggression nicht gegen sich selbst zu richten. Und es ist viel Entschlossenheit und Vertrauen – oder auch Verzweiflung – nötig, um sich anderen anzuvertrauen, die Erfahrungen in Worte zu fassen, die Gefühle auszudrücken.

«Unter den Frauen der Frauenbewegung konnte ich endlich sprechen, ich durfte auch weinen», sagte eine Frau auf einer Veranstaltung in Berlin, «aber ich mußte auch gleich wieder stark sein, ich durfte nicht zusammenbrechen.»

Die distanzlose Äußerung von unbewältigter Wut und Trauer ist eine große Belastung für jede von uns, denn sie rührt an eigene Erfahrungen sexueller Unterwerfung, einen Punkt, auf den wir nicht so gerne gestoßen werden. Was haben wir schon selbst alles mit uns machen lassen, ohne uns zu wehren und ohne ein hilfloses Kind zu sein?! Es ist schwer erträglich, dieses Gefühl von Ohnmacht mit der betroffenen Frau nochmals zu durchleben. Neben großem Mitgefühl werden viele andere Emotionen freigesetzt: Hilflosigkeit, der Druck, helfen zu wollen, helfen zu müssen, der in Ärger umschlagen kann. Unbehagen und Wut, immer wieder an die Machtlosigkeit, Wehrlosigkeit, Gefühlsambivalenz von Frauen erinnert zu werden. Problematisch ist nicht so sehr die Konfrontation mit der Geschichte der anderen Frau, auf die wir direkt mit Empörung und Mitleid reagieren können, sondern die Konfrontation mit uns selbst.

Die Annäherung an die Erinnerung und die mit ihr verknüpften Gefühle geschieht meist vorsichtig und phasenweise. Zeiten intensiver Auseinandersetzung wechseln mit Zeiten von Widerwillen und Desinteresse. Aber irgendwo tickt es.

Heike erzählte uns: «Als ich bei meinen Eltern auszog, dachte ich: Toll, jetzt beginnt ein neues Leben, und alles andere gehört der Vergangenheit an. Dann hatte ich Alpträume, wo er immer mit dem Gewehr hinter mir herrannte, um mich umzubringen. Ich begann, mit meiner Schwester darüber zu reden, das hatten wir ja jahrelang nicht getan. Das hat mich etwas erleichtert, aber wegen der gedanklichen Wiederholung und der fehlenden Konsequenz hat es mich auch fertiggemacht» (Heike).

Wie ihre Gefühle aus der Kindheit sie viele Jahre später eingeholt haben, beschreibt Anna im folgenden sehr genau. Die völlig unerwartete Heftigkeit dieses Wiedererlebens hat sie veranlaßt, ihre Geschichte zu bearbeiten, und sie erlebte die Überraschung, daß noch heftigere Gefühle an die Oberfläche stiegen:

«Ich habe gedacht: jetzt bin ich da raus, mein Leben ist jetzt ganz anders und hat mit ihm nichts mehr zu tun. Das hat zehn Jahre lang funktioniert. Keine aktuelle Bedrohung, keine Beeinträchtigung. Bevor ich eine Auslandsreise machte, habe ich noch mal alle Verwandten besucht. Mein Großvater war damals schon 75 Jahre alt. Ich bin zu ihnen hingefahren, und mittlerweile war auch die Bedrohung weniger geworden. Dann kam es ganz komisch. Als wir abends ins Bett gingen, hab ich mir keine Gedanken gemacht, aber als ich dann im Zimmer stand und wußte, er ist nebenan, da kam mir das hoch. Ich kriegte auf einmal Angst, als ich mich auszog. Aber ich dachte, das ist Quatsch, der ist so alt, was will der von dir. Und dann bin ich morgens wach geworden und wußte: er ist da. Totale Panik, obwohl ich die Augen noch zuhatte. Ich öffnete sie dann, und er war auch da. Ich hab so eine Angst gekriegt, wie ich sie die ganzen Jahre nicht hatte, noch stärker als als Kind. Es war mir die ekligste Vorstellung, der hat hier nachts an deinem Bett gestanden und hat die Bettdecke zurückgezogen, dich angeguckt und sich dabei einen runtergeholt. Und du kannst überhaupt nichts dagegen machen. Das war so entwürdigend. Da wurde mir auch klar, daß das Alter keine Rolle spielt. Ich hab ihn angeguckt und wie die Ruhe selbst guten Morgen gesagt, da hat er sich umgedreht und ist gegangen. Ich hab das beiseite getan, es war ja nichts passiert, warum sollte das mein Leben beeinflussen? Denn mein ganzes Leben, 364 Tage im Jahr, ist anders, und nur dieser eine Tag soll mich dermaßen mitnehmen? Das kann gar nicht sein. Dann habe ich es geschafft, das alles noch mal ein halbes Jahr wegzupacken. Ich hatte damals die Vorstellung: sexueller Mißbrauch, das ist, wenn der Vater mit seiner Tochter schläft. Für das, was mir passiert war, gibt es überhaupt keinen Namen. Ein paar Monate später nahm ich in den USA an einer therapeutischen Gruppe teil. Da habe ich gesagt: ‹Mein Großvater hat das und das mit mir gemacht, was soll ich tun?› Der Therapeut fragte mich, ob ich wütend sei. Ich sagte aber, ich sei gar nicht wütend, vielmehr traurig. Wut auf die Eltern ist ja wohl das schärfste Verbot, richtig wütend darfst du gar nicht sein. Aber ich wollte das rauskriegen. Ich habe mich in der Therapiegruppe auf diese Wut eingelassen. Nachdem mein Widerstand weg war, habe ich soviel Wut rausgekriegt, ich war den ganzen Tag heiser, so hab ich gebrüllt. Wie das aus mir rauskam, mit welcher Energie, und diese Energie habe ich die ganze Zeit gegen mich selber gewandt. Unglaublich!» (Anna).

Ansprache haben, Austauschmöglichkeiten finden, andere betroffene Frauen und ihre Geschichte kennenlernen – in diesem Rahmen wird es Frauen möglich, sich mit dem Mißbrauch auseinanderzusetzen. Wenn man Personen trifft, denen sexueller Mißbrauch von Mädchen in der Familie bekannt ist, wenn man andere darüber sprechen hört, dem Unsagbaren in der eigenen Lebensgeschichte einen Namen geben kann, dann kann sich viel verändern; dann wird es möglich, aktiv zu werden, nicht mehr wie das Kaninchen vor der Schlange zu sitzen.

Mißtrauen in Liebesbeziehungen

Viele Frauen erzählen, daß die Erinnerung an das Mißbrauchserlebnis durch sexuelle Berührungen wieder heraufbeschworen wird. Ihnen ist es unmöglich, Sexualität unbefangen zu genießen. Immer steht «ihr Problem» im Raum. Wenn zu dem Partner oder der Partnerin nicht genügend Vertrauen besteht, um sich zu öffnen und zu berichten, was im Inneren vor sich geht, dann nimmt die andere Person nur eine Verkrampfung, einen Rückzug, eine Irritation wahr. Das kann verschieden interpretiert werden: als sei die Frau unzufrieden mit den Zärtlichkeiten, uninteressiert am Partner oder unfähig zu sexuellem Genuß. Das kann – wenn kein Gespräch möglich wird – schnell zum Ende der Beziehung bzw. immer wieder zu deprimierenden Eine-Nacht-Erlebnissen führen. Wenn die Beziehung Bestand haben soll, müssen beide Initiative und Bereitschaft für eine andauernde umfassende Auseinandersetzung haben, die viel Energie und Geduld erfordert. Der sexuelle Mißbrauch hat nicht nur einen tiefgreifenden Vertrauensbruch verursacht, er hat auch der Frau die Möglichkeit genommen, sich in Zärtlichkeiten zu entspannen, sich Sicherheit und Wärme durch körperliche Zuwendung zu holen. Denn hier ist eine tiefe Wunde offen und schmerzt bei Berührungen. Von Mißbrauch Betroffene werden sich immer wieder einsam fühlen.

Für Frauen, die Frauen lieben, ist es einfacher, Vertrauen zu entwickeln. Wenigstens werden sie nicht mit einem Penis im Bett konfrontiert oder mit einem gekränkten Liebhaber, der einerseits darauf besteht, kein Vergewaltiger zu sein, andererseits aber seine männlichen Bedürfnisse befriedigt haben will. Auch vorsichtige und sensible Männer können nicht verhindern, daß allein auf Grund ihres Geschlechts auch ihre liebevoll gemeinten Berührungen die Erinnerung an ein Gewalterlebnis hervorrufen. Vor diesem Problem können sogar Frauen stehen. Aber sie haben einen anderen Körper und oft auch ein weitreichendes Bewußtsein von der Bedeutung sexueller Gewalt.

Manche beschreiben, daß sie nicht vergessen konnten, weil der bedrohliche Mann in ihren Träumen auftauchte und die Angst früherer Zeiten wieder hochkam. Heike wurde von ihm im Traum mit der Waffe in der Hand verfolgt – ein erneutes Durchleben seiner damals ausgesprochenen Morddrohungen. Petra, die neben den sexuellen Berührungen ihres Vaters vor allem unter seinem Voyeurismus litt, träumt heute noch in wiederkehrenden Alpträumen, daß sie nackt ist und ihr Vater sie anstarrt, sie will fliehen und kommt nicht von der Stelle. Wenn sie aufwacht, ist sie fix und fertig. Sie hofft, daß diese Träume verschwinden werden, seit sie sich offensiv mit ihrer Geschichte auseinandersetzt und endgültig mit ihrem Vater gebrochen hat. Petra hat die Probleme mit ihrem Körper und ihrer Sexualität positiv verändern können, seit sie Beziehungen zu Frauen hat. Die Männer, mit denen sie früher zusammenlebte, hatten Schwierigkeiten, ihre dauernden Ängste und ihren Zorn zu verstehen. Sie konnten sich unter Petras Kindheitserlebnissen nichts Schlimmes vorstellen.

Im April 1983 bei einer Diskussionsveranstaltung in Berlin zum Thema sexueller Mißbrauch von Mädchen in der Familie kamen Frauen zu Wort, die selbst einst davon betroffen waren. Alle Zuhörerinnen waren engagiert und rücksichtsvoll. Sie schufen eine Atmosphäre, in der die Frauen nicht distanziert sprechen mußten, sondern sehr betroffen zum Ausdruck brachten, wie schwer es ist, darüber zu sprechen, welche Emotionen sie immer wieder niederkämpfen müssen und wie doch immer wieder das Sprechen unter Tränen Mühe kostete. Wir bewundern diese Frauen, die erkannt haben, daß allein das Aussprechen und Öffentlichmachen ihrer Erfahrungen und die aktive Suche nach Unterstützung bewirken kann, daß sich für sie selbst und für Mädchen heute etwas ändert. Das Verhalten anderer ist von zentraler Bedeutung für eine Bearbeitung der Vergangenheit. Ob es als hilfreich oder ignorant erlebt wird, hängt mit den Gefühlen zusammen, die sich an die Erinnerung des Mißbrauchs knüpfen. Überwiegend sind es Gefühle von Scham oder Schuld. «Ich war wie gelähmt, entsetzt, das war ein Schock. Und das Schlimmste war die Scham, ich habe mich so geschämt, damit war ich beschäftigt. Mir irgendwelche anderen Gedanken zu machen, war ich nicht in der Lage» (Heike).

Wenn eine erwachsene Frau versucht, das Schweigen zu brechen, wenn sie in Andeutungen redet, Hinweise auf ihre Erlebnisse gibt, dann kann jede Art von Ausweichen, Peinlichkeit, Themawechsel das Gefühl der Scham übermächtig aktualisieren. Ihre Schwierigkeiten, sich auszusprechen, ähneln denen des aktuell mißbrauchten Mädchens, das beginnt, Hilfe zu suchen. Sicher sind die meisten Frauen und Männer ratlos und hilflos in einem Gespräch über dieses Thema – aus unterschiedlichen Gründen. Doch sind sie im Augenblick aufgefordert, ihre eigenen Probleme möglichst hintanzustellen und sich verantwortlich der betroffenen Frau zuzuwenden. Wenn ihr nur rein passiv zugehört wird, wenn ein Mädchen oder eine Frau von den Erlebnissen ihrer Kindheit erzählt, ist das eine sehr deprimierende Erfahrung. Wieder wird sie mit ihren Erinnerungen allein gelassen. Wieder muß sie es sein, die die günstige Gelegenheit abwartet, die als erste das Schweigen bricht und ihr Gegenüber auf Reaktionsbereitschaft und Einfühlungsvermögen testet. So wiederholt sich das Abprallen an der Gummifassade der anderen. Sowenig es vom kleinen Mädchen erwartet werden kann, daß es formuliert: Mein Papi hat mich sexuell mißbraucht!, kann auch von einer erwachsenen Frau verlangt werden, daß sie nach Jahren des Schweigens, des Vergessenwollens in der Lage ist, sich so auszudrücken, daß sie jeglichem Unbehagen bei ihrem Gegenüber vorbaut und Rücksicht nimmt. Sie wird vielleicht eine indirekte Art wählen, die kaum zu verstehen ist. Oder sie wird betont lässig oder vulgär darüber sprechen, als ginge es sie nichts an. Beides sind Aufforderungen an die andere Person, sich mit ihr auseinanderzusetzen. Beide Wege gehen oft fehl.

Gefühle von Wut und Haß

Es ist faszinierend, wie stark Gefühle von Wut, Haß und Trauer von allen Personen, die damit konfrontiert werden, abgeblockt und abgelehnt werden. Eine Frau, die, vor Wut kochend, Rachepläne gegen ihren Vergewaltiger entwirft; oder ein Mädchen, das haßerfüllt dem Vater, der sie mißbraucht, die Pest an den Hals wünscht, ruft viel mehr Abscheu und Widerwillen hervor als die Lüsternheit und Brutalität des Mannes. Wenn es um Sexualität geht, scheinen Männer jede Narrenfreiheit zu genießen. Wahrscheinlich gehören Lüsternheit, Unbeherrschtheit und Gewalttätigkeit selbstverständlich zum Bild des Mannes. So ernten die Männer eher Verständnis, wogegen die unbeherrschte Wut von Frauen nicht geduldet wird, denn sie rührt zu sehr an verborgene Ängste bei Männern und an die Träume der Frauen.

Wendet das Mädchen indessen seine Wut gegen sich selbst, so gibt es nur wenige, die ihr helfen und ihr klarmachen, daß sie keine Schuld trägt, auch wenn es ihr so scheinen mag. Ihre Selbstbezichtigungen oder Selbstaggressionen werden mit Unbehagen verfolgt und schnell weggewischt. Den Tip, doch lieber diesem Mann als sich selbst Vorwürfe zu machen, wird sie nicht erhalten.

Wendet das Mädchen seine Wut gegen die Mutter, die sie nicht geschützt hat, dann erhält sie jede Unterstützung. Wenn sie selbst nicht darauf kommt, der Mutter Vorwürfe zu machen, weil sie ein gutes Verhältnis zu ihr hat und den Mann eindeutig als Störenfried in der Beziehung identifiziert, stößt sie auf Ablehnung. Ihrer Eindeutigkeit wird mit Argwohn und Feindseligkeit begegnet: Alle werden versuchen, ein Mädchen an der Anzeige gegen den Vater zu hindern. Ihr werden Tricks und Lügen unterstellt, wenn sie sagt, der Vater solle die Familie verlassen, dann könne sie wieder in der alten Zuneigung mit der Mutter leben.

«Mit aller Macht versucht sie über diese Beschuldigung, den Mann aus dem Haus zu kriegen. Die ist dann zur Polizei gegangen und hat gesagt: der hat mich angefaßt. Und dann hat sie geglaubt, jetzt wird Mutter den rausschmeißen, ich bin ihr ja doch wichtiger als der» (Berliner Heimleiterin über ein mißbrauchtes Mädchen).

Es ist erstaunlich, wie niemand sich traut, die Schuld dem Mann zuzuweisen. Als wäre er nicht zurechnungsfähig, nicht strafmündig oder käme aus einer anderen Kultur. Ein Wilder, für dessen Probleme mit der Zivilisation wir Verständnis haben müssen?

Frauen trifft der Vorwurf «Emanzen» oder «Lesben», wenn sie öffentlich Männern die Schuld geben an den von ihnen verübten Gewalttaten: von der Vergewaltigung der eigenen Tochter im häuslichen Ehebett bis zur Vergewaltigung der Bürgerin eines besiegten Landes oder der Angehörigen einer unterdrückten Rasse. Frauen sollen nicht nur Verständnis dafür haben, sie sollen sich selbst die Schuld geben für das, was Männer ihnen antun. Und diese Meinung wird nicht nur von den angegriffenen Männern vertreten, sondern sogar von betroffenen Frauen gegenüber anderen betroffenen Frauen.

Ilse erzählte uns, daß sie sich ihrer besten Freundin anvertraut hat, als sie erfuhr, daß ihr Mann die Tochter mißbraucht hatte. Die Reaktion war deprimierend: «Der arme Mann! Laß es bloß niemanden wissen.» Der Zorn mißbrauchter Mädchen wird auf eine angeblich unfähige Mutter, der Zorn der hintergangenen Ehefrau auf eine angeblich konkurrierende Tochter gelenkt. Denn auch die Frau eines Mannes, der ein Kind mißbraucht hat, darf nicht Wut und Verachtung äußern: Sonst wird ihr unterstellt, sie versuche nur, ihre eigenen Schuldgefühle abzuwälzen.

Wenn die Mutter den Sohn richtig erzogen hätte, wäre er nicht gewalttätig geworden. Wenn die Schwester nicht so gut in der Schule gewesen wäre, würde er sich nicht unterdrückt gefühlt haben. Wenn die erste Freundin ihn nicht wegen seiner Unerfahrenheit ausgelacht hätte, würde er nicht den Wunsch nach Rache spüren. Wenn seine Frau es ihm immer recht nett im Ehebett gemacht hätte, wäre er nicht auf dumme Gedanken gekommen. Wenn die Tochter nicht plötzlich Brüste bekommen hätte, hätte er ihr nichts tun müssen ...

Viele Frauen tragen in sich die Erinnerung an eine große Zahl sexueller Angriffe und Verletzungen durch Männer. Sie erleben die stillschweigende Duldung durch die Umwelt oder die von Psychologen begründete Entlastung des Täters. Sie werden von allen Seiten daran gehindert, die Ursachen in den zugrundeliegenden Machtverhältnissen und gesellschaftlichen Strukturen zu erkennen. Klagen sie die Männerbündelei an, so laufen sie Gefahr, sich lächerlich zu machen – ihre Gefühle, so sagt man, machen eine objektive Einschätzung unmöglich –, nur der Hinweis auf ihr schweres Schicksal bewahrt sie davor, offen als hysterisch verspottet zu werden.

Alle äußeren und inneren Instanzen arbeiten zusammen, um Wut und Haß gegen die Männer nicht aufkommen zu lassen, denn der Haß, der aus Demütigung, Vertrauensbruch und Mißbrauch entsteht, kann tödlich sein. Hinweise darauf finden wir oft in kleinen Zeitungsmeldungen, die einen Tathergang schildern, ohne uns die Geschichte dieser Mädchen und Frauen, die getötet haben, genauer zu erzählen. (Die Intensität dieser Haßgefühle ist sehr eindrucksvoll bei Libuşe Monicová in ihrem Roman «Eine Schädigung» nachzulesen.)

Erfahrungen mit Therapie und Therapeuten

Wie wichtig bei der Aufarbeitung kindlicher Gefühle nicht nur die Psychologie als Wissenschaft, sondern für viele Frauen auch die praktische Arbeit von Therapeuten/-innen ist, finden wir bei Alice Miller begründet (1980, 1981). Sie legt in ihren Texten klar, welche Barrieren für uns bestehen, die eigenen Eltern zu beschuldigen und Zorn gegen sie zu entwickeln. Das ist dem Kind verboten im Bewußtsein der vollständigen Abhängigkeit vom Wohlwollen der Eltern, und dieses Verbot funktioniert auch noch im Erwachsenenalter. Das Tabu, die Eltern zu hassen, verknüpft sich für eine Frau, die den Vater beschuldigen will, sie mißbraucht zu haben, mit den eigenen Schuld- und Schamgefühlen und zusätzlich damit, daß es allgemein Mut erfordert, öffentlich Wut auf Männer zu äußern. Schließlich muß sie die innere Abwehr gegen die unerträgliche Intensität der Haßgefühle überwinden, um Vorwürfe formulieren zu können. Nur wenige Frauen haben das Glück, bei ihren Therapeuten/-innen auf ausreichende Kenntnisse dieser Situation und auf hilfreiche Begleitung bei der Aufarbeitung zu stoßen.

Therapeuten sind Männer, und Therapeutinnen sind oft genug von den männlichen Werten infiziert, die sie im Rahmen ihres Studiums gelernt haben. Mädchen und Frauen, die therapeutische Hilfe suchen, treffen auf die gleichen Vorurteile über männliche und weibliche Sexualität und männliche und weibliche Rollen, wie sie der Mann, der sie mißbraucht hat, auch vertrat. Bei ihm war es der ungesunde Menschenverstand, der ihm die Sicherheit verlieh, mit seiner Sicht der Dinge schuldlos und im Recht zu sein. Beim Psychologen ist es die Wissenschaft, die ihm den Rücken stärkt und ihm das Gefühl gibt, unpersönlich und wertfrei in seiner Beurteilung zu sein.

Beide – der Vater und der Psychologe – sind in einer Position, in der Mädchen und Frauen ihnen ganz selbstverständlich Vertrauen entgegenbringen. Auch der Therapeut nimmt eine vaterähnliche Rolle ein, wenn Frauen und Mädchen sich mit ihren intimsten Problemen, ihren Träumen und Gefühlen an ihn ausliefern. Für viele Männer ist dieses Vertrauen eine große Verlockung. Die Hilflosigkeit der Klientin reizt zum Zugriff: Der Therapeut gibt vor, am besten helfen zu können, wenn eine sexuelle Beziehung zwischen ihm und der Klientin entsteht. Dadurch wiederholt sich das Muster sexueller Ausbeutung und Abhängigkeit, das die Frau in der Kindheit mit ihrem Vater erfahren hat. Alle Versuche, dieses Muster zu durchbrechen, werden durch den Therapeuten vereitelt. Diese Erfahrung verantwortungslosen Verhaltens berichtete uns Ursula aus ihrer Therapie, und auch Sandra Butler führte ähnliche Gespräche in den USA (dazu auch Roswitha Burgard 1982).

In den USA existiert eine Fülle psychologischer Literatur zum sexuellen Mißbrauch, vor allem zum sogenannten Inzest. Neben Gruppenarbeit mit betroffenen Frauen werden hier – von Männern und Frauen – Therapiemodelle für Mißbraucher entwickelt. Diese Therapien schließen meistens die aktive Mitarbeit der Ehefrau und oft der Tochter mit ein. Die Gefühle der betroffenen Frauen müssen hier völlig zurückstehen hinter der Aufgabe, den Mann bei seinen Entwicklungsprozessen zu unterstützen.

Die Beschreibung einer erfolgreich durchgeführten Therapie mit Gene, einem Mann, der seine drei Stieftöchter mißbraucht hatte, fanden wir bei Justice und Justice (1979). Gene sollte innerhalb von drei

Monaten lernen, nicht mehr zu trinken, einmal in der Woche Freunde zu treffen, einmal am Tag Entspannungsübungen zu machen, Frau und Töchter nicht mehr mit Obszönitäten zu beschimpfen, seine Frau einmal am Tag um einen Gefallen zu bitten und zweimal wöchentlich mit seiner Frau zu schlafen. Es klingt sicher nicht nur für unsere Ohren unglaublich, wie hier Frauen für die Therapie eines Mannes eingesetzt werden. Ganz selbstverständlich wird davon ausgegangen, daß Frau und Töchter weiterhin mit ihm zusammenleben wollen – immerhin hatte seine Frau ihn angezeigt –, die Therapie erfordert obendrein noch, daß sie ihn zu den Gruppen der Anonymen Alkoholiker begleitet und regelmäßig an seinen Therapiesitzungen teilnimmt. Noch vollständiger kann eine Frau aus ihrer eigenen unbewältigten Geschichte nicht ausgeblendet werden. Wenn wir weiter nachschlagen, erfahren wir, daß die Ehe der beiden unglücklich war: «Gene und Lillian fühlten sich beide enttäuscht und betrogen, ähnliche Gefühle in beider Leben. Gene wandte sich in seinem Schmerz dem Alkohol und seiner Tochter zu, um irgendwelche Hilfe und Trost zu bekommen, auch mit dem Risiko, sie zu mißbrauchen.» Kein Hinweis darauf, wie seine Frau ihre Enttäuschung verarbeitet hat. Daß sie mit dem ständig betrunkenen Mann nicht mehr schlafen wollte, wird unsere Leserinnen nicht erstaunen. «Er war alkoholabhängig und arbeitslos. Streit zwischen Gene und Lillian war an der Tagesordnung, wobei er regelmäßig sie und die Kinder obszön anschrie. Sie besuchten selten Freunde und gingen nicht aus, nicht mal zu zweit. Sex war zwischen Gene und Lillian fast nicht mehr existent, genau wie andere Formen positiver Zuwendung.» Im Laufe der Therapie lernt Gene, daß er kein schlechter Mensch ist, daß er nicht der starke Mann sein muß, daß er von seiner Frau Zuwendung verlangen soll, und auch die Sexualität in der Ehe spielt sich plangemäß wieder ein: «Als Gene und Lillian nach einem Jahr regelmäßiger Teilnahme die Gruppe verließen, waren sie glücklich, die Ehe war besser als je zuvor. Der Inzest war nicht wieder aufgetreten, und sie hatten sich beide auf eine Weise verändert, die einen Rückfall unwahrscheinlich machte. Die Fürsorge hatte ihnen das volle Sorgerecht über die Töchter wiedergegeben, und der Bewährungshelfer empfahl, daß die Bewährungsauflagen nicht fortgesetzt werden sollten» (Justice und Justice, 1979).

Alles in allem ein voller Erfolg: Die Familie ist wieder heil. Wann hat Lillian je Zeit gehabt, einmal über sich selbst nachzudenken? Vielleicht an ein eigenes Leben, an eine andere Zukunft als in einer renovierten Ehe zu denken? Wer hat sie unterstützt? Von den Töchtern erfahren wir nur, daß sie im Heim waren und nach Hause zurückgegeben wurden. Wurde ihr Selbstbewußtsein gestützt? Wurden ihnen

Alternativen zum Zusammenleben mit dem Mißbraucher gegeben? Was wurde aus ihren Gefühlen?

In Amerika wird neben Familientherapie auch Verhaltenstherapie praktiziert: «Verhaltensänderungstherapie ist darauf gerichtet, unsittliches Verhalten durch mechanische Auflösung von Reiz-Reaktions-Koppelung zu ändern. Die Behandlung geht von der Theorie aus, daß der Kindesschänder ‹auf sexuelle Reize, die mit der präpubertären Körperentwicklung zusammenhängen, überreagiert› (E. M. Becher, ‹Treatment Programs for Sexual Offenders›, zitiert nach Florence Rush, 1982). Der Straffällige erfährt eine Umprogrammierung auf der Basis von Abstoßung und Belohnung. Ihm werden Bilder von Kindern vorgeführt, die mit unangenehmen Reizen gekoppelt sind, wie z. B. Elektroschocks oder fortwährenden Begleitkommentaren über die sexuelle Unattraktivität von Kindern. Er wird außerdem Bildern von verführerischen, attraktiven erwachsenen Frauen ausgesetzt mit Begleitkommentaren über das Vergnügen, die Lust und die Belohnung, die eine sexuelle Beziehung mit ihnen bringt» (Florence Rush, 1982).

Solche Therapien wären nicht möglich, wenn Frauen und Mädchen ihre Gefühle von Wut und Haß zulassen könnten. Sie würden die unzumutbaren Hilfestellungen verweigern. Auch erwachsene Frauen würden ihre Körper nicht als Puffer zwischen der sexuellen Aggression ihres Mannes und ihren gefährdeten Kindern mißbrauchen lassen.

«Spinne ich, oder sind die anderen verrückt?»

Leben mit den Folgen des Mißbrauchs

«Es gibt bestimmte Punkte, da haben wir glasklare Erinnerungen. An anderen Punkten wissen wir gar nicht, ist da was passiert, ist da nichts passiert?» (Anna).

Mit dem Geheimnis des Mißbrauchs zu leben erfordert nicht nur Strategien, dem alltäglichen Terror zu begegnen, sondern gräbt sich tief ein in Bewußtsein und Verhalten, hinterläßt z. T. lebenslange Spuren. An diesen Folgen tragen die Frauen allein und isoliert. Oft ist es ein Schrecken ohne Ende, ähnlich dem, den viele Frauen erleben, die als Erwachsene vergewaltigt oder mißhandelt wurden. Nur hat sich das Trauma in das kindliche Bewußtsein besonders tief eingenistet und das Heranwachsen zur Frau bereits geprägt, sich in psychische Bereiche verkrochen, die nur schwer erreichbar sind, aber unkontrollierbar in Form plötzlicher Erinnerungen in den Alltag einbrechen können.

Eine Frau reagierte auf den Vorabdruck von Florence Rush «Das bestgehütete Geheimnis» im *Stern*:

«Beim Lesen Ihres Artikels habe ich geweint. Auch ich quäle mich seit meinem 11. Lebensjahr mit so einer Erfahrung rum. Heute bin ich 35, habe drei Ehen und unzählige Verbindungen hinter mir, von denen ich mir erhoffte, sie würden mir helfen, die Zeit von meinem 11. bis zu meinem 20. Lebensjahr ‹auslöschen› zu können. Mein Sohn, 10 Jahre alt, stellte fest, daß ich keine fröhliche Mutter mehr war. Ich beschloß, mein Leben zu beenden. Ich wollte sterben. Durch einen außergewöhnlichen Zufall bin ich doch gefunden worden. Ihren Artikel habe ich als Bettlektüre gehabt, nachdem ich aus der Intensivstation kam. Es war wie eine Explosion für mich. Ich kann jetzt darüber sprechen. Nachdem ich aus dem Krankenhaus entlassen bin, werde ich in therapeutische Behandlung gehen. Ich wage diesen Schritt, eine andere Alternative habe ich nicht, nachdem ich nun weiterleben muß» (*Stern* 31/1982).

Der ältere Herr, der an einem Sonntagabend im Fernsehen auftrat, war Passagier einer Maschine gewesen, die von Terroristen entführt worden war. Sein Leben lang wird er dieses Erlebnis nicht vergessen, sagt er. Und jeder versteht das: Das furchtbare Erlebnis macht ihn, der es passiv überstanden hat, zum Helden. Er braucht sich nicht zu verantworten, warum er nichts zur Befreiung der Passagiere unternommen hat. Jeder verstünde es, wenn er nie wieder fliegen würde. Kein Therapeut käme auf die Idee, ihn immer wieder Situationen der Bedrohung durchleben zu lassen, damit die erste Erfahrung rückblickend ihren Schrecken verliert.

Mädchen, die in ihrer Kindheit sexuell mißbraucht wurden, erfahren fast nie die Bestätigung: ja, es muß furchtbar gewesen sein, es war ein Unrecht, du hast ein Recht zu leiden, ein Recht auf Mitgefühl und Zuwendung. Wir bewundern dich, wie du mit dieser Situation fertig geworden bist, ohne zu zerbrechen. Ganz im Gegenteil: Wenn es ihnen schlecht geht, werden ihnen die Symptome vorgeworfen. Und die Zukunft? Als wäre nichts geschehen, sollen sie wie jedes andere «ganz normale Mädchen» später heiraten und Kinder und Familie haben.

Ihre Erfahrungen werden ignoriert wie ihre Hilferufe. Sie leben in Unsicherheit mit ihren eigenen Wahrnehmungen, Gefühlen und Erinnerungen. Der Mißbrauch selbst und sein Rahmen, die Familie, sind darauf angelegt, den Horror zur Sinnestäuschung werden zu lassen.

Zweifel an der Realität der Erinnerung

«Ich weiß nicht mehr, wann es genau anfing und wie lange ich das mitmachen mußte ...» – «Ich weiß nicht mehr, wann es war ...» So undeutlich ist die Erinnerung, weil die Übergänge zwischen den gewohnten Gute-Nacht-Küssen und dem Mißbrauch fließend sein können und weil die Wahrnehmung erst langsam an die Wahrheit herankam. Immer wieder entgleitet das Erlebnis, ist nicht faßbar. Manuela hatte oft Angst, wenn die Familie um den Tisch saß und sie in die Runde blickte, daß ihre Gedanken laut und für alle hörbar sind: «Wenn das Mutti wüßte!» Dann wieder gab es Zeiten, in denen sie völlig vergessen hatte, was mit ihr geschehen war. Wenn ihre Mutter, die zu dieser Zeit in einem Mädchenheim arbeitete, von sexuellem Mißbrauch dieser Mädchen berichtete, dachte Manuela: «Die Armen! Ein Glück, daß ich so eine gute Familie habe.»

Um mit ihren Erfahrungen leben zu können, müssen die Mädchen versuchen zu vergessen, nicht wahrzunehmen, was passiert. Wenn sie selbst so tun, als sei alles ein Traum, dann wird es vielleicht gar nicht geschehen sein.

Für ein Kind ist das Bett eine wichtige Rückzugsmöglichkeit, oft der einzige Ort in der Wohnung, wo es für sich sein kann, wo es Schutz und Trost sucht. Hier gehen Traum und Wirklichkeit ineinander über.

Am nächsten Morgen überlegt das Mädchen: War ich allein? War jemand bei mir? Habe ich geträumt? Unruhe schleicht sich ein. Manche Väter nutzen schamlos den Schlaf der Töchter aus, um sich an ihnen zu vergreifen. Louise Armstrong berichtet von vielen Gesprächen mit Frauen, die als Kind nachts aufwachten und den Vater über sich fühlten, wie er vorsichtig, ohne sie zu wecken, versuchte, sich zu befriedigen. Ihre einzige Möglichkeit, das zu ertragen, was sie nicht abwehren konnten, war, so zu tun, als schliefen sie wirklich – das Entsetzen zu unterdrücken und so zu tun, als ob alles in Ordnung wäre. Eine Frau beschreibt eindrücklich, wie diese Erlebnisse eine Angst vor dem Einschlafen bei ihr verursachten, unter der sie ihr ganzes Leben litt. Der Zustand des Halbschlafs, die fließende Grenze zwischen Wachen und Schlafen, macht es den Frauen besonders schwer, ihre Erinnerung als harte Realität zu sehen.

Der Schock, den es für ein Mädchen bedeutet, plötzlich aufzuschrecken und festzustellen, daß sich jemand im Dunkeln an ihrem Körper vergreift, festigt das Gefühl, nicht sicher zu sein, nicht einmal im Schlaf. Nach dieser Erfahrung fällt es schwer, die ständig nötige Wachsamkeit abzulegen, sich entspannen und ausruhen zu können. Die Angst vor der Narkose. Vor allem erschwert es die Aufarbeitung, wenn der Mißbrauch im Schlaf stattgefunden hat. Ungewißheit über die Realität des Erlebten hält sich hartnäckig. Hier ist die Basis für lebenslange Zweifel und Anspannung gelegt.

Aber auch wenn der Mißbrauch ganz offen und sichtbar im Alltag geschieht, gibt es diese Selbstzweifel: Spinne ich, oder sind die anderen verrückt? Das kann doch nicht normal sein! Wenn die Angst und Empörung des Kindes keine Bestätigung durch die Umwelt erfahren, wie soll es das Erlebte einordnen?

«Ich dachte, dieses Verhalten gehört in den Familien dazu, so daß ich den Eindruck hatte: das ist meine Macke, daß ich dabei so ein schlechtes Gefühl habe, denn offensichtlich machen es ja alle so. Das ist normal, damit mußt du leben» (Anna).

Jede Bestätigung des eigenen Gefühls hilft, aus dieser Falle zu entkommen: «Irgendwann fing er auch an, meine kleine Schwester zu sich zu holen. Ich war 9 oder 10. Und sie fragte mich eines Tages, ob er mich auch immer anfassen würde. Das war gut für mich. Weil wir uns beide sagen konnten: ‹Der faßt uns immer an, und das wollen wir nicht›, war klar definiert, daß etwas passiert, was ich nicht will und ich deshalb keine Schuld habe. Ich habe dann nie ein Schuldbewußtsein gehabt» (Heike).

Wenn der Schrecken zum Alltag gehört, bleibt er in den Gefühlen stecken und wird aus der bewußten Wahrnehmung ausgeklammert: Verdecken, verschütten, es wird alles wieder gut. «Ich habe immer noch Schwierigkeiten, das zu beschreiben. Ich habe es erzählt, auch von meinen Eltern und daß mein Vater so viel trinkt. Und ein Therapeut sagte dann: ‹Das ist ja furchtbar für ein Kind, entweder zu Hause mit Angst vor dem Alten, wenn der besoffen nach Hause kommt. Oder bei den Großeltern und du weißt nicht, wann dein Großvater dich das nächste Mal begrapscht.› – – – Und ich kann das bis heute nicht so furchtbar sehen» (Anna).

Im Rückblick also eine ganz normale Kindheit, und wenn wir genauer hinsehen, reiht sich ein Horror an den anderen.

Die Bestätigung, daß es ein Horror ist, bleibt aus. Wenn das Mädchen sich nicht völlig gebrochen diesem Normalitätsbegriff unterwirft und den Mißbrauch in ihr Weltbild integriert oder in die psychische Spaltung von Gefühl und Wahrnehmung flüchtet, dann bleibt ein ständiger Kampf gegen diese grundlegende Verunsicherung. Der rücksichtslose Übergriff auf den eigenen Körper führt dazu, sich selbst als wertlos und ohne Rechte anzusehen. Und hier ist rücksichtslos nicht gleich gewaltsam zu setzen. Der in liebevolle Phrasen gekleidete Mißbrauch ist nur eine Variante der rücksichtslosen Durchsetzung männlicher Sexualinteressen und dient dazu, das Gewissen des Mißbrauchers zu erleichtern, das Kind zu verwirren und zu isolieren. In beiden Fällen ist dem Mädchen bewußt, daß es für den Vater nicht als Person, sondern nur als Körper von Interesse ist.

Das führt dazu, daß oft auch später nur über den Körper Zuwendung bezogen werden kann. «Ich hatte unwahrscheinlich viele Beziehungen zu Männern. Und wenn ich mal einen Monat keinen hatte, wurde ich schon ganz kribbelig – jetzt brauche ich einen, damit ich wieder mal Anerkennung habe» (Heike). Die Kehrseite ist große Einsamkeit trotz unzähliger Beziehungen.

Einsamkeit trifft auch die Frauen, die auf Grund ihrer Erfahrungen Sexualität ablehnen und sexuelle Berührungen mit Gewalt und Mißbrauch assoziieren. Sie müssen oft für den Rest ihres Lebens auf sexuelle Beziehungen und Glücksgefühle verzichten. Sylvia: «Wenn ich sage, daß ich mich nie wieder berühren lasse, meine ich, daß ich mich nie wieder schlagen lasse.» Auch in den Leserbriefen, die viele Frauen an die Zeitschrift *Brigitte* richteten und in denen sie über oft weit zurückliegenden sexuellen Mißbrauch berichteten, wird immer wieder ausgedrückt, wie grundlegend die Beziehung zur Sexualität gestört wurde (*Brigitte*-Buch: «Als Kind mißbraucht», 1983).

Die Ohnmacht des Kindes vor dem Erwachsenen, des Mädchens

vor dem Mann so kraß erlebt zu haben kann bedeuten, daß die Mädchen auch als Erwachsene gegen Gefühle der Unfähigkeit und gegen Versagensängste kämpfen müssen – und gegen reales Versagen. Allein schon ein rapider Leistungsabfall in der Schule, der den Lehrern / Lehrerinnen meist unerklärlich ist, dem aber nie ausreichend nachgeforscht wird, kann weitreichende Konsequenzen für die Ausbildung, den Beruf und das spätere Leben des Mädchens haben. Reales Versagen steigert dann das Gefühl der Wertlosigkeit.

Selbstvorwürfe und Mißtrauen

Selbstvorwürfe und Schuldgefühle sind fast die Regel. Gerade dann, wenn der sexuelle Mißbrauch nie bekannt geworden ist, fühlen sich die Mädchen schuldig, und ihr Glaube, sie seien schlecht, schmutzig und verdorben, nimmt ihrem Vater viele Probleme ab. Diese Männer können sicher sein, daß ein Vorwurf sie selbst zuallerletzt treffen wird.

Das Gefühl, am eigenen Unglück selbst schuld zu sein, beschränkt sich nicht auf die Mißbrauchserfahrung. Wie ein roter Faden können sich Selbstvorwürfe durch den weiteren Lebensweg ziehen, auch in ganz anderen Situationen jede Empörung, jede Gegenwehr und jedes Selbstbewußtsein verhindern.

«Ich hab mir gesagt: Vielleicht habe ich ihm damals auch Reize gegeben. Aber was habe ich als Elfjährige für Reize gehabt? Keine Behaarung, war platt wie 'ne Wanze. Oder habe ich den so angemacht, so geil gemacht? Das überlege ich mir schon» (Angela).

Jahrelang fällt kein Wort über das, was ihr Leben Tag für Tag beeinträchtigt. Selbst wenn sie versucht zu sprechen, fehlen ihr die Worte für das, was geschieht. Das muß Folgen haben. Ursula merkte während des Studiums, wie dieses jahrelange Redeverbot, gemischt mit Zweifeln an ihrem Selbstwert, dazu führte, daß sie erhebliche Schreib- und Formulierungsschwierigkeiten bekam. Sie, die immer eine brillante Schülerin gewesen war, fühlte sich ihrer wichtigsten Quelle von Selbstbestätigung beraubt und bekam Examensängste, Depressionen und Schlafstörungen.

«Ich habe immer das Gefühl, mein Kopf ist so voll, ich habe so viel zu sagen, ich platze fast, aber nichts kommt raus.» Unter Aufbietung erstaunlicher Kraft und Disziplin schafft sie ihre Diplomprüfung. Hoffentlich hat dieser Erfolg ihren Ängsten etwas Nahrung genommen. «Ich kann mich einfach nicht ausdrücken», sagt sie, nachdem sie zwei Stunden lang die Geschichte ihres Mißbrauchs durch den Großvater und die Auswirkungen lebhaft und präzise geschildert hat. «Ursula, du redest jetzt zwei Stunden ohne Punkt und Komma!» Sie lacht. Aber es ist etwas anderes, was ihrem Eindruck zugrunde liegt. Die wirklichen Gefühle stecken verschlossen in ihr. Nur punktuell wagt sie Berührungen: Die Angst, daß alles zusammenbrechen könnte, ist zu stark.

Das Vertrauen in sich selbst, in die Normalität des Alltags, den festen Boden unter den Füßen und die freundlichen Gesichter – das ist manchen Frauen nicht mehr möglich. Mißtrauen, Wachsamkeit nach außen wie nach innen sind die Grundhaltung. Nie wieder vertrauensselig sein wie ein kleines Kind; dieser Vorsatz prägt alle Beziehungen.

«Verändert habe ich mich eigentlich wenig, denn ein paar psychische Malaisen sind ja geblieben, z. B. kein Vertrauen entwickeln können, Distanz behalten, gegen Frauen auch. Mißtrauen, wodurch schon einige Beziehungen kaputtgegangen sind. Weil ich irgendwann aufhöre, mich zu melden. Da ich Angst habe, daß die Beziehungen auseinandergehen und ich nicht enttäuscht werden möchte, ziehe ich mich schon vorher zurück. Wenn ich Leute besuche und die lachen mich an, lache ich nicht zurück, weil ich denke: Na ja, heute lachen sie noch, wer weiß, wie lange das dauert. Ich habe das Gefühl, die anderen mögen mich nicht» (Heike). «Manchmal denke ich auch, ich habe so einen komplizierten Kopf. Jemand, der meine Barrieren durchbrechen will, der muß ganz schön gut sein. Auch für mich selbst ist es schwierig, diese Abschirmung fallenzulassen, da bin ich nicht sehr risikobereit. Ich sage lieber nicht, wie schlecht es mir geht, weil damit sowieso niemand umgehen kann» (Anna).

Nur das Wissen um den gleichen Erfahrungshintergrund scheint Vertrauen zu ermöglichen.

Verzweiflung und Selbstaggression

Zu erleben, wie der eigene Körper funktionalisiert wird für fremde Bedürfnisse, vielleicht sogar im Schlaf zur willenlosen Puppe degradiert, Objekt einer deformierten Sexualität, das kann die Abspaltung aller positiven Gefühle vom eigenen Körper zur Folge haben: Er wird zur Last; denn er wird nur noch als Anlaß für den Mißbrauch gesehen. Mißtrauisch wird die körperliche Entwicklung beobachtet, Informationen über biologische Funktionen erzeugen neue Ängste und Sorgen, hilfreich scheint nur die völlige Gleichgültigkeit. In der Literatur finden wir häufig den Hinweis, daß viele jugendliche Prostituierte als Kind sexuell mißbraucht wurden. Die Leiterin eines Berliner Mädchenheims nannte uns Prostitution als geradezu klassische Folge des Mißbrauchs. Der Gedanke liegt nahe, daß die Entfremdung von der eigenen Sexualität und die Gewöhnung an Übergriffe für ein Mädchen die Voraussetzungen erfüllt, sich prostituieren zu können. Auch dies ist eine Folge ihrer Kindheit, unter der sie leiden wird und für die sie gegebenenfalls bestraft, in Heime gesperrt und diskriminiert wird.

Ganz ähnlich ist es mit der Drogenabhängigkeit, eine häufige und weitreichende Folge von Mißbrauch und Mißhandlung. Die Isolation, in der sich mißbrauchte, sexuell erpreßte Mädchen befinden, macht eine offene Auseinandersetzung unmöglich. Bei nagenden Selbstzweifeln im Innern, Angstzuständen, Schlaflosigkeit, Unruhe und Leistungsabfall erstaunt es nicht, wenn Mädchen und Frauen ein Mittel zur Hilfe nehmen, um diese unerträglichen Gefühle zu neutralisieren. 44 % aller drogenabhängigen Mädchen in den USA sind als Kind sexuell mißbraucht worden, lesen wir bei Sandra Butler. Und auch die Therapeutinnen von «Violetta Clean», einer Einrichtung für drogenabhängige Mädchen in Berlin, schätzen, daß bei vielen jungen Frauen eine Mißbrauchsgeschichte in der Familie ursächlich zur Abhängigkeit beigetragen hat. Zur Sucht kommen Erfahrungen mit Ausnahmezuständen, Psychiatrie und Gefängnis hinzu, die Rutschbahn führt steil abwärts, die Sucht ersetzt das Leben, Betäubung und Verwirrung verhindern, daß der Mißbrauch als Ursache aufgedeckt und bewältigt werden kann.

Als Schädigung durch den Mißbrauch wird von Pädagogen und Psychologen neben Infektionen, Körperverletzungen, psychischen Ausfällen, Drogenabhängigkeit und Schwangerschaft auch gesehen, wenn eine Frau lesbisch wird. Die Entscheidung, mit Frauen zu leben, steht hier neben Promiskuität und Prostitution, die Entscheidung, keinen Mann mehr an sich heranzulassen, wird als neurotische Fehlentwicklung bezeichnet. Hier wird die Beurteilung der Schädigung nicht an den Möglichkeiten der Frau für ein glückliches Leben und die Bewältigung ihrer Erfahrungen gemessen, sondern an ihrer Funktionstüchtigkeit für männliche Interessen. Für deren Befriedigung reicht es, wenn eine Frau stillhält und bereit ist, Kinder zu gebären. Wenn sie darüber hinaus noch psychisch und kräftemäßig in der Lage ist, den Haushalt zu führen, gilt es als ausreichender Therapieerfolg.

Normal soll sein, daß Frauen in der Lage sind, eine «ganz normale» Sexualität mit einem Mann zu ertragen, ohne daß sie Zeit, Ruhe und Unterstützung für die Bewältigung ihrer Erlebnisse bekamen. So bruchlos kann es nur durch eine Abspaltung der Gefühle von der Situation erreicht werden. Für Fachleute scheint bislang nicht von Interesse, wie diese Verdrängung geleistet wird und was mit der Erinnerung an das Gewalterlebnis alles an Empfindsamkeit, Persönlichkeit und Würde begraben werden muß.

Es gehören Kraft und Beharrlichkeit dazu, einem Mann zu vermitteln, wie er seine Wünsche auf die Verletzungen und Möglichkeiten seiner Frau abstimmen kann. Frauen tun sicher gut daran, sich nicht um jeden Preis in eine Beziehung zu stürzen, in der Hoffnung auf Glück, sondern auch ein längeres Alleinleben ins Auge zu fassen, statt sich gewaltsam auf den Rückweg zu zwingen in eine Normalität, die keine ist. Wenn Kurt Weis in seiner Studie über Vergewaltigungen die anhaltenden Ängste vieler Frauen vor der Sexualität mit Männern «pathologisch» nennt, so verkennt er einiges: Nicht die Assoziation des Gewalterlebnisses in der Sexualität ist irrig, sondern der ganz normale heterosexuelle Alltag trägt zu viele Merkmale der Vergewaltigung.

Im eigenen Interesse muß der Mißbrauch verschwiegen werden. Im Gegensatz zu Abtreibung, Vergewaltigung und Mißhandlung ist das Thema des Mißbrauchs in der Familie auch in der Frauenbewegung weitgehend unaussprechlich geblieben. Frauen mit diesen Erfahrungen öffnen sich auch in Frauengruppen nur zögernd, die Reaktionen sind nur selten Unterstützung und Interesse. Ratlosigkeit herrscht auch hier vor, und so meiden die betroffenen Frauen das Thema von selbst.

«Ich vermeide Gespräche über den sexuellen Mißbrauch, auch solche, die indirekt darauf hinführen könnten. Da muß ich immer aufpassen, wenn es um die Familie geht. Mit meinen Freunden habe ich darüber gesprochen, aber die haben nicht viel dazu gesagt» (Heike).

«Bis heute habe ich mit niemandem aus meiner Familie darüber gesprochen. Nur mit meinem Bruder, als ich dann von zu Hause weg war. Aber da ist nichts gekommen, der hat nur halb hingehört. Ich glaube, der wollte das nicht wahrhaben. Mit Freunden habe ich nicht darüber gesprochen, das war zu intim. Da mußte erst ein besonderes Gefühl dasein, zu jemand, damit ich das erzählen konnte. Obwohl mich das auch nicht davor geschützt hat, es Leuten zu erzählen, die damit nicht ordentlich umgehen konnten. Das war immer dann, wenn der Druck zu reden zu groß war und ich nicht aufgepaßt habe» (Anna).

Als Ursula ihrem Bruder viele Jahre später von dem Mißbrauch durch den Großvater erzählte, fragte er nur beunruhigt: «Aber Papa war es nicht?» Das war das einzige. Ursula war sehr enttäuscht, denn zu ihrem Bruder hatte sie immer eine enge Beziehung gehabt.

Solche Erfahrungen werfen zurück. Das Gefühl, «ganz anders» zu sein, besteht weiter, auch in Gruppen oder Gesprächen mit Frauen. Hier setzt die Arbeit der Selbsthilfegruppen an. Anna und Heike haben es geschafft und die erste Gruppe betroffener Frauen in Berlin gegründet.

Beschädigung

Prostitution und Alkoholismus

Sich prostituieren oder sich betäuben – diese im vorangegangenen Kapitel angesprochenen Reaktionen auf den Mißbrauch wollen wir an Hand der Lebensgeschichte zweier junger Frauen genauer untersuchen.

Ursula beschrieb uns ihre Gratwanderung zwischen einem geordneten Leben als Studentin und der Prostitution. Sie arbeitete in Bars und verdiente sich hier das Studium. «Ich hatte immer das Gefühl, es könne mir nichts passieren, was mir nicht schon passiert war.» Einzig ihr Ehrgeiz, das Studium zu beenden, schützte sie. Ihre Geschichte ist die einer Kind-Prostituierten. Die Eltern übernahmen sozusagen den Part des Zuhälters. Ursula kam mit ihren Eltern aus der DDR. Der Großvater, der schon lange hier wohnte, unterstützte sie finanziell, vor allem für seine Enkelin. Ursula bekam Kleider und Geschenke von ihm. Er kam fast gänzlich für ihren Unterhalt auf. Sie war damals sieben Jahre alt. Etwa neun Jahre dauerte der Mißbrauch durch den Großvater, immer nach dem gleichen Ritual. Samstags nachmittags ging sie zu ihm, um sich abzuholen, was er für sie gekauft hatte. Außer der notwendigen Kleidung schenkte ihr der alte Mann Reizunterwäsche, die sie für ihn tragen mußte. Er gab ihr Alkohol zu trinken. Der Mann war ihr zuwider, der Alkohol war ihr auch zuwider, aber er half, alles wie durch einen Nebel besser zu ertragen. Ursula ist überzeugt davon, daß ihre Eltern wußten, was geschah, daß sie «aus opportunistischen materiellen Gründen dem Treiben dieses Mannes keinen Einhalt geboten». Den Eltern mußte die Spitzenwäsche ebenso auffallen wie die Tatsache, daß ihre kleine Tochter regelmäßig angetrunken nach Hause kam, wenn sie den Großvater besuchte. Aber sie unternahmen nichts. Eines Tages belauschte sie ein Gespräch, in dem die Eltern darüber redeten, was der Großvater wohl mit der Kleinen mache. Trotz heftigen Widerstrebens wird sie jeden Samstag zu ihm geschickt, in den Ferien öfter.

Wegen Ursulas psychischer Anspannung und der akuten Depressionen haben wir sie nicht gefragt, was genau der Mißbraucher all die Jahre mit ihr gemacht hat. Der Satz: «Es gab nichts, was mir nicht schon passiert war», genügte uns.

Im vergangenen Jahr, sie war etwa 22 Jahre alt, schlugen die Erinnerungen über ihr zusammen. Sie wußte nicht mehr, was sie tun sollte. Sie konnte in dieser bodenlosen Gleichgültigkeit sich selbst gegenüber nicht weiterleben, so beschloß sie, eine Therapie zu machen. Kurz entschlossen schrieb sie an ihren Großvater, da er die Probleme verursacht habe, solle er jetzt für ihre Therapie zahlen. Er antwortete sehr aggressiv, nichts sei wahr, nichts sei vorgefallen, und das, was gewesen sei, habe sie selbst gewollt und sich dafür bezahlen und beschenken lassen. Wenn das Mädchen die Hure ist, hat der Mann nichts Schlechtes getan. Und ist sie erst zur Hure erklärt worden, kann sie gleich auf den Strich gehen.

Ursula ließ alles auf sich beruhen. Nach ihrem Examen ging sie ins Ausland, um möglichst viel Abstand zwischen ihr neues Leben und den Schauplatz ihrer Kindheitserlebnisse zu legen.

Ursula hat trotz aller Gleichgültigkeit, die sie ihrem Leben gegenüber empfand, nicht dem Reiz des Geldverdienens nachgegeben, sondern Schule und Studium beendet. Andere Mädchen haben weniger Glück: Sie werden schlecht in der Schule, bleiben ohne Abschluß, bekommen keinen Ausbildungsplatz. Oder sie laufen weg von ihrem Vater, laufen auch weg aus dem Heim. Den Lebensunterhalt sichern sie, indem sie sich prostituieren. Die Suche nach einem selbstbestimmten Leben endet in der Abhängigkeit von Zuhältern, die Flucht vor dem Mißbrauch durch den Vater in andauernder Vergewaltigung.

Immer mehr Kinder – überwiegend Mädchen – verdienen sich ihren Lebensunterhalt oder ihr Taschengeld durch Prostitution. Kundschaft für kindliche Körper gibt es reichlich, und selbst in kleineren Orten floriert der Baby-Strich, den es früher nur in Großstädten gab. Diese Entwicklung hat der Berufsverband der Sozialarbeiter und Sozialpädagogen festgestellt. «Seit etwa zwei Jahren ist eine alarmierende Zunahme der Kinder-Prostitution zu beobachten», erklärt die Vorsitzende des Verbandes, Frau Professor Else Funke. «Die Kinder werden immer jünger. Vierzehnjährige sind die Regel auf dem Baby-Strich, und Zwölfjährige sind keine Seltenheit mehr.»

Häufig ist Prostitution eine Parallele der Drogenabhängigkeit. Sie ist der Versuch, das Elend des Alltags zu betäuben, sich das Gefühl von Glück, zumindest von Sorglosigkeit zu verschaffen. Den meisten Mädchen bleibt keine andere Möglichkeit, die teuren illegalen Drogen zu finanzieren, als durch die Prostitution.

Legale Drogen sind billiger. Sie sind auch für Kinder sehr leicht erreichbar. Die verbreitetste ist Alkohol. Ähnlich wie heute die steigende Kinderprostitution war schon vor Jahren der zunehmende Kinderalkoholismus im Gespräch. Wie illegale Drogen führt auch Alkohol zu körperlichem und psychischem Ruin. Unerhört viel Kraft braucht ein Mädchen, um erfolgreich einen Entzug durchzuführen, wenn durch das Absetzen der Droge alle ertränkten Erinnerungen wiederauftauchen. Die alltägliche Gewalt gegen Frauen und die Perspektivelosigkeit eines einmal aus der Bahn geworfenen Mädchens tun ihr übriges, um den Alkohol als Ausweg erscheinen zu lassen.

Daß Gewalt von Männern das Leben der jungen Frauen wie ein roter Faden durchzieht, berichteten uns Berliner Drogentherapeutinnen. Beginnend beim Vater über alle späteren Beziehungen zu Freunden und zu Freiern, reiht sich eine Gewalterfahrung an die andere. Mißhandlungen sind keine Seltenheit, und den Freundinnen ergeht es nicht anders. Die Therapeutinnen von «Violetta Clean» leisten hier richtungsweisende Arbeit, indem sie den Mädchen einen Drogenentzug und den Aufbau einer selbständigen Existenz im Zusammenleben mit anderen betroffenen Frauen ermöglichen. So wird die Kette der Gewalt erstmals durchbrochen. Auch für alkoholabhängige Frauen gibt es in Berlin eine therapeutische Wohngemeinschaft, «Die Zwiebel». Leider sind solche Einrichtungen bisher die Ausnahme.

In der «Zwiebel» wohnt zur Zeit Angela, deren Geschichte folgt. Angela wurde vom Vater, der stark trinkt und sehr jähzornig ist, oft schwer mißhandelt. «Ich habe früher oft Prügel bezogen, von meinem Vater mit der Hundeleine, so daß ich massive Striemen hatte am ganzen Körper. Die Jalousien wurden extra runtergelassen, dann ab ins Schlafzimmer, weil das in der Mitte der Wohnung liegt, und dann die Musik lauter gedreht als sonst.»

Die Gewalttätigkeit des Vaters nutzte ein Bruder, um sie unter Druck zu setzen. «Ich habe damals angefangen zu rauchen. Ich war 14 Jahre alt. Mein Bruder hat das als erster gemerkt, und er meinte: ‹Angela, was würdest du davon halten, wenn ich das Mama erzähle?› Und ich sagte: ‹Das finde ich Scheiße, denn du weißt, daß ich dann eine Wahnsinnstracht Prügel bekomme.› Und dann sagte er, daß er gerne mal mit mir ins Bett gehen wollte. Ich habe das gemacht, weil ich Angst hatte, er verpetzt mich. Er hat es meinem anderen Bruder erzählt. Der hat mich dann damit erpreßt, weil er wußte, daß ich mit dem gepennt hatte. Er wollte auch. Und dann kam noch mein sechsundzwanzigjähriger Bruder an die Reihe, also alle drei Brüder.

Ich habe mich nicht getraut, mit meiner Mutter über die Sache zu reden. Ich habe gedacht, entweder schmeißt die mich jetzt raus oder ich kriege so massive Prügel, daß ich nicht weiß, in welche Kiste ich noch passe.»

Aus Angst vor Schlägen fügte sie sich. Dieses Erlebnis traf sie, als die Erfahrung des ersten Mißbrauchs noch völlig unverarbeitet auf

75

ihrer Seele lastete. Als sie 11 Jahre alt war, wurde sie von ihrem Pflegevater – sie wurde in den Ferien immer nach Holland verschickt – wiederholt sexuell berührt und bedrängt. Das dauerte, bis sie 14 Jahre alt war. Dann kamen die Brüder. Sie war von Grund auf verunsichert und verängstigt und wußte nicht, was sie tun sollte.

Als die Mutter vom Mißbrauch durch den Pflegevater erfuhr, machte sie Angela zwar keine Vorwürfe, aber sie verbot, daß sie weiterhin nach Holland fuhr. Das traf das Kind wie eine Strafe. Sie lebte ständig in der Erwartung, mißhandelt zu werden. In der Schule war sie sehr schlecht geworden, und der Vater nahm das wiederum zum Anlaß, sie zu schlagen. Schon mit 13 Jahren hatte sie angefangen zu trinken. Alkohol war das Problemlösungsmittel, das ihr am besten bekannt war. «Mit dem Saufen ging es die ganze Zeit unwahrscheinlich weiter, bis zu meinem 17. Lebensjahr, wo ich dem Alkohol verfallen war.» Mit 15 Jahren machte sie ihren ersten Selbstmordversuch: «Wenn meine Eltern fernsahen und meine Schwester in ihrem Zimmer war und wenn ich hörte, das Bett knarrt, dann wußte ich Bescheid, jetzt kommt mein Bruder. Immer abends. Es ging eine ziemlich lange Zeit. Dann kam es mal zur Sprache, weil mein Bruder besoffen war und er saß mit meiner großen Schwester in der U-Bahn und hat geheult, er hätte sich an mir vergriffen und hätte solche Schuldgefühle. Meine Schwester erzählte es dann der ganzen Familie. Ich kam nichtsahnend nach Hause und wunderte mich: Dicke Luft oder was ist jetzt los? Und auf einmal sagt meine Mutter: ‹Blutschande! Blutschande! Und das in meiner Familie!› Ich wußte gar nicht, was das bedeutet, und fragte: ‹Was ist denn los?› ‹Ja, dich müßte man vertrimmen, daß du in keine Kiste mehr paßt!› Das ging wochenlang so. Es dauerte eine irre lange Zeit, wo ich das immer zu spüren bekam. Es wurde einfach mir in die Schuhe geschoben. Mich hat nie jemand darauf angesprochen, wie es für mich war. Was damals alles für mich abgelaufen ist, kann ich nicht mehr auf die Reihe kriegen – ich weiß es ganz einfach nicht. Es war jedenfalls die Zeit, als ich zur Alkoholikerin wurde.»

Immer wieder kam Angela ins Krankenhaus wegen Zusammenbrüchen und Unfällen im Sportunterricht. Sie war fast ständig betrunken. Erschreckend deutlich wird hier die Stumpfheit der Lehrer/-innen und der Schulfürsorge, die sowohl von ihrem Alkoholismus als auch von den Mißhandlungen durch ihren Vater wußten. Eine Freundin bringt sie zu einer Alkoholiker-Selbsthilfe-Beratung. In ihrer verzweifelten Lage ist ein Entzug unter Kontrolle und in Zusammenarbeit mit Betroffenen ihr letzter Ausweg. Dieser letzte Ausweg wird für sie aber zur Sackgasse: «Dort kam es dann zu einem Beratungsgespräch, von dem ich außer drei Sachen nichts mehr weiß: Ein Jahr lang keine Beziehung und keinen Urlaub und ob ich momentan einen Freund hätte. Da habe ich mir im stillen gedacht: Warum will der das überhaupt wissen? Aber wenn er das für die Therapie braucht, ist es wichtig, also sagst du es mal: ‹Weil ich Angst habe vor der Männlichkeit. Wenn ich das sehe, krieg ich Panik.› Da sagt er zu mir: ‹Na, die Angst nehme ich dir auch langsam. In kleinen Schritten arbeiten wir hier. Du brauchst keine Angst mehr zu haben.› Da hockte er so vor mir, und ich habe richtig Schiß vor ihm gehabt, so daß ich mich in die äußerste Ecke von dem Sessel verdrückt habe. Und er sagt: ‹Komm doch ruhig mal ein Stück näher, ich tu dir doch nichts. Hast du Angst?› Ich meinte: ‹Ja.› Er: ‹Brauchst du doch nicht.› Zum Glück mußte ich mich übergeben und bekam Entzugserscheinungen, so daß ich in die Klinik mußte. Als es besser war, mußte ich jeden Morgen um 9 Uhr zur Therapie. Und dann sagte er, daß er mir die Ängste nehmen will. Ich sagte, daß mich das mal interessieren würde, weil es bisher noch keiner geschafft hatte. Er sagt: ‹Ganz einfach: Erst wirst du ihn sehen, dann wirst du ihn anfassen, dann ins Maul nehmen, und dann kommt es zum Verkehr.›»

An diesem Punkt bricht unser erstes Gespräch mit Angela ab, den letzten Satz hat sie kaum zu Ende sprechen können; sie weint so, daß sie kein Wort mehr herausbringt. Der Drogentherapeut hat ihre hilflose Lage ausgenutzt und sie fortgesetzt mißbraucht und vergewaltigt. Dieser letzte Schrecken ist noch völlig unverarbeitet und unverheilt. Er traf sie in einer schutzlosen Situation, in der sie – abhängig vom Therapeuten wie ein Kind vom Vater – offen und verletzlich war, ihren Schutzschild Alkohol gerade abgelegt hatte. Ihr Versuch, alle Vorerfahrungen mit Männern zu überwinden, und ihr Bemühen um Vertrauen diesem Mann gegenüber waren wichtige Voraussetzungen für den Erfolg der Drogentherapie.

Das Ergebnis war ein Rückfall.

Verständnis und Zuwendung suchte Angela bei Frauen. Diese fühlten sich schnell bedrängt, weil Angela sich anklammerte und sie Angst hatten, Verantwortung für dieses Problemkind zu übernehmen. Sie wiesen sie ab. Angela kämpfte auf der einen Seite gegen den Ekel und die Angst vor der sie verfolgenden Männersexualität, auf der anderen Seite mußte sie ihre positiven Gefühle Frauen gegenüber immer wieder in sich ersticken, weil sie nicht beantwortet wurden. Jahrelang hat sie sich «vollgeschüttet, weil ich mich innen so leer fühlte». Dabei hat sie nicht nur ihre Erlebnisse, sondern auch ihre Hoffnungen ertränkt, denn beide waren unerträglich geworden.

Es ist schön, sie heute zu sehen, wie sie mit Geduld ein neues Leben aufbaut, ein Gefühl von Optimismus und guter Laune verbreiten kann und trotz häufiger Zusammenbrüche das Gefühl hat, vorwärtszukommen. Sie festigt ihre Identität, hat den Prozeß gegen den Therapeuten überstanden und steht zu ihren Gefühlen für Frauen.

Frauwärts

«Das ist normal, damit mußt du leben»

In der Familie kann ein Mädchen sich am besten ein Bild davon machen, was es heißt, als Mann oder als Frau zu leben. Dazu kommen alle die Eindrücke von draußen: illusionäre Liebe neben brutaler Gewalt – Paare auf der Leinwand, Prinz Charles und Lady Diana oder der Denver-Clan und das Familienleben der Nachbarn. Was außerhalb der eigenen Familie passiert, mag faszinierend sein oder bedrohlich, aber die Eltern und alle, mit denen sie zusammenlebt, sind für das Mädchen vorrangig wichtig für ihre Zukunftsphantasien über Mann und Frau.

Mädchen beobachten die Verhaltensweisen von Erwachsenen und erfahren dadurch viel über Umgangsformen und Überlebensstrategien. Auch wenn sie manches nicht verstehen – Gesten, Witze, Rituale –, so begreifen sie doch die Bedeutung. Unsicher bleibt für sie, nach welchen Gesetzen Erwachsene beiderlei Geschlechts sich begegnen, warum z. B. die Mutter sich oft in Gegenwart von Männern so merkwürdig verhält.

Anna beschreibt, wie ihre Oma und deren Freund immer ihre Brüste begutachteten, als sie größer wurden, und wie ihre Mutter dabeistand, ohne etwas dazu zu sagen. «Mir war das unangenehm. Auf der anderen Seite wußte ich nicht, ob das vielleicht ein Teil von meinem Leben sein wird. Denn wenn irgendein Familienfest war und sie getrunken hatten, dann faßte er meine Mutter genauso an. Er hat es in Späße eingepackt, bei der Begrüßung nahm er meine Mutter in den Arm, schüttelte ihr am Busen herum und sagte: ‹Na, meine Dicke, wie geht's dir denn?› Ich dachte, das gehört in Familien dazu. Das war die erste Spaltung in meinem Kopf: Einerseits will ich es nicht, andererseits sagt meine Mutter auch nichts dazu, also muß es wohl so sein. Ich habe mit niemandem darüber geredet. Es gab ja eigentlich nichts zu erzählen. Im nachhinein ist das schlimmste, daß das so öffentlich in der Familie gelaufen ist und jeder getan hat, als wäre das in Ordnung. Ich habe meiner Mutter lange übelgenommen, daß sie mir nicht beigebracht hat, mich zu wehren. Jetzt sehe ich, daß sie es selbst nicht konnte.»

Daß die Mutter – die starke erwachsene Frau – diese Anmache erträgt, ist der Beweis, daß die Bedrängnis nicht mit dem Erwachsenwerden aufhört, daß Frauen sich zurücknehmen müssen, daß sie sich einrichten müssen mit dem Unvermeidlichen, sich nach den Wünschen der Männer richten und die kleinen Zwischenräume ausnutzen. Nur nicht auf das eigene Recht, die eigene Person pochen, sondern stillschweigen.

«Einmal habe ich einen Zettel geschrieben: ‹Mein Vater, die stinkbesoffene Sau, liegt im Bett und pennt›, und diesen bei den Nachbarn auf die Fußmatte gelegt, geklingelt und gleich wieder zu uns in die Wohnung gerannt. Die Nachbarsfrau hat mit meiner Mutter geredet. Es gab kein Donnerwetter für mich, nur Vertuschen, Entsetztsein. Ich wußte ja, daß ich keinen idealen Vater hatte. Mir wurde aber immer vorgehalten, daß ich diplomatischer sein sollte, weil ich dadurch viel erreichen könnte. Immer die Erfahrung: wenn du Krach und Theater machst, dann richtet sich das gegen dich selber» (Anna).

Anna erinnert sich an Situationen, in denen der Vater die Mutter angriff – mißhandelte? vergewaltigte? – Sie hörte nur den Krach im Schlafzimmer. Keiner der anwesenden Erwachsenen reagierte. «Ich weiß noch, daß ich damals von mir erwartet habe, daß ich etwas unternehmen müßte, eingreifen müßte. Mit fünf Jahren! Gleichzeitig wurde mir immer vermittelt, daß es falsch sei, sich einzumischen. Daß es dich nichts angeht, das steht einem Mädchen nicht zu» (Anna).

Pubertät

Symbol für das Unvermeidliche ist die Menstruation. Die erste Periode ist der Beginn des Frauseins, was immer das Mädchen darunter versteht. Dieses Erlebnis wird selten neutral aufgenommen. Es kann Ängste auslösen ebenso wie Erwartungen oder Triumphgefühle. Ein Mädchen wird die Entwicklung ihres Körpers mit Ungeduld verfolgen, wenn sie darauf brennt, endlich erwachsen zu werden. Ein Mädchen, das von klein auf sexuell mißbraucht wird, mag Hoffnungen darauf setzen, groß zu werden und endlich von zu Hause weggehen zu können. Gleichzeitig nimmt sie wahr, daß alle körperlichen Veränderungen auch von dem Mann, der sie mißbraucht, beobachtet werden, Signale sind, die einen schlimmeren Mißbrauch zur Folge haben können. Sie wird versuchen, die fortschreitende Entwicklung zu kaschieren, die Brüste mit gekrümmten Schultern zu verstecken. Die Menstruation beweist, daß sie kein Kind mehr ist, und mit ihr kommt die Angst vor der Schwangerschaft.

Louise Armstrong berichtet von Mädchen, deren Väter den Geschlechtsverkehr auf ein unbestimmtes «Später» verschoben hatten und sich bis dahin mit anderen Formen des Mißbrauchs begnügten. Mit der ersten Menstruation ist dieses «Später» zur Gegenwart geworden.

Angelas erste Menstruation hatte unmittelbar ihr erstes Mißbrauchserlebnis zur Folge: «Mit 11 Jahren hatte ich einen wahnsinnigen Schock, als ich unter der Dusche stand und meine Tage kriegte. Ich bin schreiend rausgepirscht und in mein Zimmer rein, wußte gar nicht, was ich machen sollte. Meine Pflegemutter hat mich dann beruhigt: ‹Du wirst langsam Frau.› Sie hat es dann meinem Pflegevater weitererzählt. Der rief mich auf den Dachboden. Ich hatte Shorts an und ein kurzärmeliges T-Shirt. Ich stand am Tisch, und er stand hinter mir und faßte mir zwischen die Beine. Ich war verstört und erschrokken und sagte: ‹Eh, laß das, was soll das.› Er nahm mich in den Arm und fragte, wie man einen Jungen erkennt und ein Mädchen und erzählte mir viel von Obst: von Bananen und Pflaumen und zwei Apfelsinen. Ich merkte, daß sich bei ihm in der Hose unwahrscheinlich viel abspielte, und meinte: ‹Was ist denn los?› Er sagte, daß er Gefühle hätte, und versuchte, meine Hand dagegen zu reiben, was er mit Gewalt auch schaffte. Er hielt mich fest und schubberte dran. Da habe ich mich losgerissen und bin dann um den Tisch gelaufen in die kleinste Ecke. Weil er breiter ist, konnte er da nicht hin. Ich habe mich hingesetzt und nur geweint» (Angela).

Der Übergriff eines Mannes auf den Mädchenkörper ist eine unerwartete, zusätzliche Folge der Pubertät. Nicht nur ein biologisches Schicksal wird dem Mädchen aufgezwungen, sondern auch ein soziales: Sexualobjekt männlicher Begierden zu sein.

Sexuelle Aufklärung

Die Prozesse der Pubertät sind beunruhigend, denn den meisten Mädchen fehlen ausreichende Informationen und Aussprachemöglichkeiten. Eine positive Aufklärung, die sich nach der jeweils aktuellen Neugier und den Fragen des Mädchens richtet und in der Schule fortgesetzt wird, hilft ihr, die Veränderungen ihres Körpers zu verstehen, keine Angst davor zu haben. Unzureichendes Wissen macht die

Mädchen unsicher und erpreßbar. So erzwang Ursulas Großvater ihr Schweigen über den Mißbrauch mit der Behauptung, sie sei «da unten» mißgebildet und es wäre furchtbar peinlich für sie, wenn das bekannt werden würde. Erst als ihr im Alter von 15 Jahren eine Gynäkologin bestätigte, daß sie völlig in Ordnung ist, konnte sie sich auflehnen. Heike war ebenfalls verunsichert: «Er fragte, ob er die richtige Stelle anfassen würde, und ich wußte nicht, was das war, und dachte, ich sei eine Mißbildung. Wenn er die richtige Stelle nicht fand, mußte mir ja was fehlen.»

Bei Heike rief jede neue Information über Sexualität neue Ängste hervor: «Nachdem er mich in sein Bett geholt hatte, war ich mittlerweile 12 Jahre alt. Da hatte ich schon in der Schule Aufklärung und wußte, wie die Kinder entstehen, wie der Samen in die Eizelle gelangt. Und dann stand ich an diesen Sonntagen immer vor dem Spiegel mit rausgestrecktem Bauch und hab gedacht, ich wäre schwanger. In meinem Bauch kribbelte es, und ich dachte, das ist jetzt der Samen, der sucht das Ei. Ich habe mich nicht getraut, darüber zu reden. Ich hätte gar nicht schwanger werden können, denn ich hatte meine Regel noch nicht. Aber so weit habe ich nicht gedacht.»

Unwissen und ungestillte Neugier können für Mädchen zur Gefährdung werden. Das Versprechen eines Erwachsenen, von Sexualität und Fortpflanzung zu erzählen, etwas bisher Mysteriöses oder Verbotenes, weckt bei Kindern Interesse.

Marianne erzählte uns: «Auf dem Nachhauseweg von der Schule spricht mich ein Mann an, fragt mich nach einer Straße, die auf meinem Weg liegt, und ich biete ihm an, den Weg zu zeigen. Ich bin 10 Jahre alt. Er ist nett, ist nicht schwarz gekleidet, hat kein stoppelbärtiges Gesicht. Er erzählt mir von meiner schwangeren Lehrerin, die ich sehr gerne mag. Er erzählt mir dann, wie Kinder gemacht werden. Ich höre gebannt zu, denn alles ist mir vollkommen neu. Es interessiert mich, zugleich weiß ich, daß etwas nicht stimmt. Wir kommen zu der Straße, jetzt merke ich, daß er da gar nicht hin will. Ich sehe 200 Meter weiter meinen Vater stehen und kann nicht dorthin, denn plötzlich spüre ich seinen harten Griff an meinem Arm. Der Mann zieht mich quer über die Straße, ich bin machtlos, unfähig, mich zu wehren, zu schreien, wie gelähmt. Weiter der Griff an meinem Arm, weiter seine Worte über Sexualität, ganz wirr für mich. Ich habe Angst, sage immer wieder: ‹Ich muß jetzt zurück.› Aber er läßt mich nicht. Er geht ab vom Weg, zieht mich in ein Gestrüpp ...»

Marianne hat Glück im Unglück, daß es ein fremder Mann war, der sie angriff, und daß sie in ihrer Familie Schutz suchen konnte. Wenn ihre Eltern auch viel versäumt haben, indem sie sie nicht rechtzeitig aufklärten und indem sie hinterher schwiegen und ihr nicht halfen, zu verarbeiten, aber sie boten ihr Mitgefühl und Trost.

In der Art, wie Erwachsene mit einem Mädchen über Sexualität reden, verrät sich ihre Haltung gegenüber Frauen allgemein. So kann die Sexualaufklärung selbst eine Demonstration von Frauenfeindlichkeit und eine Form des Mißbrauchs sein. Karin erzählte, daß sie von ihrem Vater mit Informationen über Sexualität geradezu eingedeckt wurde, daß es ihm Vergnügen bereitete, nach seinem Geschmack mit ihr darüber zu reden, wie es ihrem kindlichen Interesse nicht entsprach. Ihr Vater zwang ihr nicht nur seine Erzählungen und Sexualphantasien auf, er zeigte ihr auch Fotos, sie mußte Pornos lesen. Schon in jungem Alter las sie Romane, die sie völlig überforderten, ihrem Kindsein entfremdeten und innerlich verhärteten. Etwas später trat ihr Vater dann auch mit dem Vorschlag an sie heran, eine sexuelle Beziehung aufzunehmen. Sie wies ihn entschieden ab und konnte es durchsetzen, daß er sie in Ruhe ließ.

Pornographie und die sogenannte erotische Literatur sind für die Bedürfnisse Erwachsener und speziell für die Phantasien erwachsener Männer gemacht, voll von Penis-Allmachts-Wahn und Frauenverachtung. Dies Mädchen als Sexualaufklärung aufzuzwingen ist ein Akt der Gewalt: Sie haben ein genaues Gespür für die Aggression und Unterdrückung in diesen Darstellungen. Jeder Mann, der diese Art der Aufklärung für seine Töchter als Befreiung und Fortschritt erklärt, versucht zu kaschieren, daß er für seine exhibitionistischen und voyeuristischen Bedürfnisse ein Objekt braucht. Selbstverständlich interessiert sich ein Mädchen für Sexualität. Auch ein Penis kann spannend sein, wenn sie ihn das erste Mal sieht. Doch der Mann irrt, wenn er glaubt, das Mädchen interessiere sich für seine Person. Dieser Irrtum kommt zustande, wenn Egozentrik den Blick für die Realitäten trübt. Diese Tendenz findet einen Höhepunkt in dem Verhalten von Vätern, die ihren Töchtern sexuelle Spiele mit Gleichaltrigen verbieten und sie statt dessen vergewaltigen – «Bevor es einer von den Straßenjungens tut»: Vergewaltigung durch den Vater als Ehrenrettung, Defloration als pädagogische Tat.

Auch Petras Vater schob Befreiung und Pädagogik vor, um seine sexuellen Verklemmungen an seinen Töchtern abzureagieren. Petra wuchs mit zwei Schwestern auf. Der Vater entstammte einem preußischen Elternhaus und hatte unter der Strenge und Lustfeindlichkeit seiner Jugend sehr gelitten. Er hatte erst spät Beziehungen zu einer Frau, Petras Mutter, die er dann heiratete. Sie war eine schwache, unselbständige Frau, für die er der erste Mann war. Er war stolz auf diese Beziehung, weil ihre Sexualität funktionierte. Petra kann nicht sagen, wie ihre Mutter die Ehe erlebt hat, nimmt aber an, daß die Eltern die ganzen Jahre sexuell aktiv waren. Der Vater hatte eine humanistische Bildung genossen, die weit über der der Mutter lag. Die Familie war sein einziger Lebensraum, sein Publikum und Bildungsobjekt. Er bestimmte völlig über Frau und Töchter. Bis sie in die Pubertät kamen und Brüste bekamen, hatte er kein Interesse an den Mädchen. Er spielte nie mit ihnen. Dann begann er, Petra an die wachsenden Brüste zu fassen, wenn sie sich nackt im Badezimmer wusch. Er wurde erregt dabei. Das nackte Waschen und das Umkleiden bei offener Tür war für die Mädchen Pflicht. Durch diese Freiheiten wollte er seine prüde Erziehung kompensieren. Nacktsein war fortschrittlich. Auch lief er immer in Gegenwart der Töchter nackt umher; so konnten sie immer gewahr werden, wenn er sich erregte. Sobald die Berührungen begannen, wurden sie vom Vater aufgeklärt. Er erzählte, daß die Defloration sehr weh tue, daß es bei ihrer Mutter erst beim dritten Versuch geklappt hätte. Er redete auf die Mädchen ein, wie toll es sei, mit ihrer Mutter zu schlafen. Sie wollten das gar nicht hören. Petra war damals 12 Jahre alt und durch Straße und Schule längst aufgeklärt. Ihr war das Gerede des Vaters sehr peinlich. Auch schwärmte er ständig von der Schönheit des weiblichen Körpers und zeigte seiner Familie Reproduktionen von Kunstwerken, auf denen nackte Frauen abgebildet waren. Mit Vorliebe ging er mit den Töchtern ins Schwimmbad. Er mietete für die Saison eine gemeinsame Umkleidekabine und ließ die Mädchen sich in seiner Gegenwart umziehen. Mit der Zeit wehrte sich Petra gegen seine Berührungen und Bedrängungen, versuchte immer wieder, das Zusammensein mit ihm im Badezimmer zu vermeiden, ihre Zimmertür zu schließen und nicht mehr ins Schwimmbad zu gehen. Es wurde ihr zur Beklemmung, ständig dem Anblick ihres nackten Vaters ausgesetzt zu sein. Er reagierte auf die zaghafte Gegenwehr mit Psychoterror: seine Töchter seien undankbar und haßten ihn, der doch alles für sie tue. Er hatte dauernd schlechte Laune, wurde verbittert, drohte mit Selbstmord – und wer würde dann die vier Frauen ernähren, die alle nichts könnten? Die Töchter litten unter Schuldgefühlen. Sie wollten seine Übergriffe nicht mehr zulassen, vor allem Petra war dazu fest entschlossen. Aber sie machten sich auch heftige Vorwürfe, denn seine Interpretation war immer, daß er sie so erziehen wolle, daß sie es einmal besser hätten als er. Das letzte Mal faßte er Petra an die Brüste, als sie 16 Jahre alt war. Sie wies ihn scharf zurück, und das verzieh er ihr nie. Petra träumt noch heute, daß sie nackt ist und ihr Vater sie beobachtet.

Miriam Shapira hat sich in ihrer Studie über sexuellen Mißbrauch von Mädchen in Neuseeland ebenfalls mit der Bedeutung der Pubertät auseinandergesetzt. Sie weist darauf hin, daß die Pubertät ein Auslöser für eine tiefe Krise sein kann, selbst wenn der Mißbrauch in früher Kindheit stattgefunden hat. Eine erneute Auseinandersetzung mit den Erlebnissen steht dann für das Mädchen an.

«In der Pubertät realisiert das Mädchen die volle Bedeutung des früheren sexuellen Angriffs. Auch wenn die Belästigung einige Zeit zurückliegt (in etwa 11 % der Fälle ist das Mädchen unter 6 Jahre alt, wenn es geschieht), entsteht eine erhebliche Krise, wenn das Mädchen versucht, mit Ärger, Schuld und Feindseligkeit fertig zu werden, die sie sich selbst gegenüber empfindet. Es ist oft schwer für die Pubertierende, ihren Körper in seinem Reifeprozeß positiv anzunehmen. Wenn sie sexuell mißbraucht wurde, ist es noch schwerer. Oft gelingt es ihr nicht, die Menstruation als unvermeidlich zu akzeptieren, und sie wird unter Spannungen und Krämpfen leiden. Diese Spannungen zu unterdrücken hilft nicht, ein negatives Selbstbild zu verhindern. Jetzt ist die Zeit, nochmals die Ereignisse durchzusprechen im Lichte ihres neuen Wissens über ihren Körper, dem Mädchen zu ermöglichen, ihre Gefühle auszudrücken. Auch wenn sie zur Zeit des Mißbrauchs ein Vorschulkind war, kann es sein, daß sie sich jetzt schuldig und beschämt fühlt, und diese Gefühle müssen ausgedrückt werden» (Miriam Shapira, 1981). Sie weist auch darauf hin, daß auch bei zurückliegenden Mißbrauchserfahrungen zur Zeit der Pubertät die Gefahr besteht, daß das Mädchen von zu Hause wegläuft oder Selbstmord versucht, wenn es mit den aufsteigenden Problemen allein gelassen wird.

Die anderen

Zwischen Mann und Tochter –
Geschichte zweier Mütter

Wie kann die eigene Tochter in der eigenen Wohnung jahrelang mißbraucht werden, ohne daß die Mutter es wahrnimmt und einschreitet?
Wir konnten es uns kaum vorstellen. Die Literatur bestärkte unsere
Zweifel: Die Mutter wird als Mittäterin, als Mitschuldige, oft sogar als
Alleinschuldige analysiert. Auch Leila Sebbar kommt in ihrer Untersuchung (1980) zu dem Ergebnis: Oft genug liefern die Mütter ihre
kleinen Töchter bewußt aus an den Mann. Sei es, um ihn zu halten, sei
es aus Haß auf das Kind, sei es aus Angst und Ausweglosigkeit. Ehemänner machen ihren Frauen den Vorwurf, nichts verhindert zu haben, durch Verweigerung und Emanzipationsbestrebungen sie in die
Arme der Tochter getrieben zu haben. Therapeuten sehen die tiefe-
ren Ursachen des Mißbrauchs in Konkurrenz und Konflikten zwischen Mutter und Tochter. Auch fast alle Mädchen und Frauen, mit
denen wir sprachen, konnten ihren Müttern nachweisen, nicht geholfen, nicht reagiert, Signale geflissentlich übersehen zu haben.

Von überall her richten sich die Blicke auf die Mutter, wenn der
Mißbrauch bekannt wird. Was hat sie unternommen? Nichts? Das
erste Gespräch, das wir mit der Mutter eines vom Vater vergewaltig-
ten Mädchens führten, schien alle Vorurteile zu bestätigen. Jahrelang
war Erika trotz massiver Anzeichen blind gewesen für das Verhalten
ihres Mannes der Tochter gegenüber, und die Tochter – Pia – hatte
sich ihr nie anvertraut. Als sie eines Tages den Mann überraschte, wie
er versuchte, die Tochter ins Schlafzimmer zu zerren, sorgte sie sofort
dafür, daß Pia zur Großmutter zog. Das bedeutete vorläufigen Schutz
und war eine schnelle und eindeutige Reaktion. Trotzdem machte
Erika der Tochter Vorwürfe: Ob sie sich nicht schäme, die ganze Zeit
mit der Familie um einen Tisch zu sitzen und solche Schweinereien zu
machen? Als Pia dann auf einer Anzeige bestand, dauerte es Monate,
bis Erika sich entschloß, sie dabei zu unterstützen. Erst als Pia auch
ohne die Zustimmung der Mutter die Strafanzeige einleitete, begann
Erika, ihr eigenes Leben in die Hand zu nehmen. Das Beispiel der
Tochter hatte sie ermutigt. Sie wollte sie nicht verlieren und auch verhindern, daß die beiden Jüngeren ein ähnliches Schicksal erleiden. Sie
reichte die Scheidung ein. Der Mann ging ins Ausland, und alle atme-
ten auf. «Wenn ich das geahnt hätte, ich hätte sie doch nie mit ihm
allein gelassen», sagte sie uns. Jetzt sieht sie, wie sehr die Tochter
unter den Erlebnissen gelitten hat. Wir waren berührt von ihrer Be-

troffenheit, wie intensiv sie sich um Verständnis für die Tochter bemüht. Doch warum war ihr das nicht früher möglich, warum die Vorwürfe und Beschuldigungen?

Ihre Geschichte gibt uns Aufschluß:

Erika, die etwa 20 Jahre mit ihrem Mann zusammengelebt hat, wurde von Anfang an brutal mißhandelt und gedemütigt. Ihre Ehe war gekennzeichnet durch Hoffnung auf Besserung – denn er war «ihr Held» –, Versuche, sich zu trennen, Angst, Anspannung, die Geburt und das Heranwachsen von drei Töchtern. Sie wußte, daß ihr Mann immer Verhältnisse mit ganz jungen Frauen hatte, fünfzehnjährige, die ihn bewunderten. Er sagte gerne, daß eine Frau, die schon mit einem anderen geschlafen habe, für ihn zu alt sei. Als die älteste Tochter sechs Jahre alt war, zwang er sie, seinen Penis in den Mund zu nehmen. Seiner empörten Frau sagte er, die Tochter sei «so eine», sie habe das freiwillig gemacht. Aber Erika glaubte dem Mädchen und redete dem Mann ins Gewissen.

Als Pia älter wurde, fiel auf, daß sie die einzige war, für die der Vater Geld ausgab. Erika und die beiden Kleinen gingen meist leer aus. Um jede 10 DM Haushaltsgeld mußte Erika die Tochter zu ihrem Mann schicken, ihr gab er dann das Geld. Was Erika nicht wußte, daß Pia für diese 10 DM Haushaltsgeld dem Vater zu Willen sein mußte.

In der Familie entstanden Spannungen; jeder konnte sehen, daß Pia bevorzugt und oft neu eingekleidet wurde. Dadurch wurde sie von Mutter und Geschwistern isoliert. Daß er sie ausschließlich nach seinem Geschmack ausstaffierte und sie keine eigenen Wünsche äußern durfte, änderte nichts daran, denn die anderen mußten alte Sachen oder Selbstgestricktes auftragen.

Eines Tages gingen alle zu C & A, erzählt Erika. Voran Vater und Tochter wie ein Paar Arm in Arm, die beiden Kleinen an der Hand der Mutter hinterher. Nur Pia bekam etwas gekauft. Er ließ sie verschiedenes anprobieren und sah die ganze Zeit in die Umkleidekabine – er verbot ihr immer, einen BH zu tragen. Erika fühlte sich ausgeschlossen und gedemütigt. Sie war von der Szene so betroffen, daß sie Widerstand wagte: Sie nahm die jüngeren Töchter und ging. Hinterher lachte ihr Mann sie aus, sie sei eifersüchtig, daß sie nicht mehr so knackige Brüste habe. Als sie endgültig Gewißheit hatte, reagierte sie zunächst mit Feindseligkeit. Fast war es dem Mann gelungen, Mutter und Tochter auseinanderzubringen. Aber sie verband ein gemeinsames Schicksal: Beide wurden brutal geschlagen, völlig grundlos, mit dem Kopf an die Wand gestoßen. Beide verfolgte er mit sinnloser Eifersucht, beschimpfte sie, kontrollierte sie, sperrte sie ein. Erika war es, die der Tochter immer wieder heimlich einen Besuch bei Freundinnen ermöglichte. Pia war es, die sich scheinbar furchtlos dem Vater entgegenstellte, die Mutter zu schützen versuchte. Erika glaubte immer: Die läßt sich doch nichts gefallen.

Als sie eines Tages bei der Tochter die Adresse des Jugendamtes fand, fragte sie nicht, warum Pia gehen wollte. Aus Angst, sie zu verlieren, versuchte sie nur, ihr einzureden, daß es im Heim unerträglich sei.

«Ich wollte den schlimmsten Verdacht nicht äußern. Hinterher ist nichts dran.» Aber wen wollte sie schützen?

Als sie vor den Tatsachen stand, war sie bitter enttäuscht, daß ihr Kind sich ihr nicht anvertraut hatte. Diese Enttäuschung kehrte sie in Unglauben. Sie beschuldigte Pia, obwohl die Gründe für deren Verhalten auf der Hand lagen: Natürlich hatte die Tochter Angst vor der Reaktion dieses brutalen Mannes, vor seiner angedrohten Rache, seinen Mißhandlungen. Und sie mußte befürchten, daß ihr die Mutter nicht beistehen würde.

«Wenn ich was gesagt hätte, dann wäre alles aus gewesen», sagte Pia. Obwohl Erika die Angst nur zu gut kannte, wollte sie sie nicht als Grund gelten lassen, weil die Tochter weniger eingeschüchtert wirkte, Widerspruch wagte, auf einer Anzeige bestand, als alles herauskam. Erst seit Erika sich selbst zur Trennung von ihrem Mann entschlossen hatte, konnte sie das Geschehene anders beurteilen. Vorher mußte sie immer einen Teil der Realität ausblenden. Erst als sie ihre eigene Zukunft und die Beziehung zu ihren Töchtern in den Mittelpunkt stellte, sah sie, daß sie Pia unrecht getan hatte. Erika selbst hatte stillgehalten und nicht gewagt, das Ende ihrer Ehe und das Auseinanderbrechen der Familie herbeizuführen. Wie hätte sich Pia der Mutter anvertrauen können, wenn diese nicht einmal mutig genug war, Verantwortung für sich selbst zu übernehmen? Die Erwachsenen verhielten sich verantwortungslos – der Vater ging seinen Begierden nach und sah zu, daß er nicht ertappt wurde; die Mutter traf keine Entscheidung und verschloß die Augen. Woher sollte das Kind die Stärke nehmen, alles öffentlich zu machen und die Reaktionen auf sich zu nehmen?

Aber wie sollen Frauen sich verhalten, wenn sie den Mißbrauch nur vage ahnen, nichts beweisen können und der Mann nicht offen brutal, zudringlich und frauenverachtend ist?

Voller Unsicherheit versuchen sie lange Zeit, alles richtig zu machen, eine gute Frau, eine gute Mutter und letztlich noch sie selbst zu sein. Viel Zeit vergeht, während sie sich in den widersprüchlichen Anforderungen verstricken, die Katastrophe ist passiert, und jetzt wird ihnen gesagt, sie hätten alles falsch gemacht. Alle Beteiligten geben ihr die Schuld, und ihn trifft meist nur Mitleid.

Mitleid war auch Ilses Reaktion, als ihre Tochter Manuela ihr eines Abends erzählte, wie der Vater vor Jahren während der Ferien in ihr Bett kam. Sie war 11 oder 12 Jahre alt. Er berührte sie, rieb sich an ihr. Ilse hatte damals nichts davon erfahren. Als wir sie kennenlernten, war seit dieser Eröffnung ein Jahr vergangen. Sie war hin- und hergerissen zwischen Skrupeln, Schuldgefühlen, Fassungslosigkeit und beginnender Wut. Fassungslos war sie vor allem auch über ihr eigenes Verhalten, ihren ersten Gedanken, der war: armes Kind, armer Mann. Als der Mann sie fragte, ob er jetzt gehen müsse, haben Frau und Tochter beide nein gesagt. Mit Manuela hat Ilse an diesem Abend lange geredet, sie gestützt, als sie sich ausweinte, beruhigt und zu Bett gebracht. Mit ihrem Mann hat sie anschließend geschlafen – aus Mitleid. Bis die Wut hochkam, dauerte es noch lange und brauchte einen Anlaß in Ilse selbst, nicht nur in der Geschichte der Tochter.

Mütter müssen den Konflikt nach zwei Seiten hin bewältigen. Widersprechende Erwartungen werden an sie gerichtet: An den Reaktionen zum Prozeß der Marianne Bachmeier sahen wir, daß die breite Öffentlichkeit viel Sympathien aufbringt für eine Mutter, die ihr Junges mit Zähnen und Klauen verteidigt. Die Tötung eines «Kinderschänders» wurde von vielen akzeptiert oder sogar bewundert. Aber wenn es der eigene Mann war? Wer bewundert die Frau, die ihren Ehemann der Öffentlichkeit oder der Strafverfolgung preisgibt? Sie muß doch zu ihm halten, durch alle Schwierigkeiten hindurch, fürsorgend, verstehend, verzeihend. Sie darf ihn nicht im Stich lassen.

Für Ilse war die Ehe keine glückliche Zeit, obwohl die Familie nach außen hin fröhlich, gesellig, sorglos wirkte. Auch die Anfänge der Beziehung sah sie rückblickend kritisch. Der Mann hatte ihr ein finanziell sorgloses Leben bieten können und immer ihre fürsorgliche, mütterliche Haltung in Anspruch genommen. Sexualität mit ihm war weitgehend unbefriedigend. Ilse sagte, sie habe ihn gegen besseres Wissen geheiratet. Er war nie fähig zu liebevollen, herzlichen Beziehungen, er brauchte ihre Wärme und Gesellichkeit. Sie organisierte das gesellschaftliche Leben, das für ihn beruflich wichtig war. Er sammelte Briefmarken. Zur Tochter hatte er kein Verhältnis. Ilse war die Vermittlerin, sie versuchte, die Enttäuschungen der Kinder zu überbrücken und Sympathie für den Vater zu wecken. Sein Verhalten Manuela gegenüber fiel ihr auf: ein Schwanken zwischen Interessenlosigkeit und unangemessener Aggressivität. Sie vermutete schon bald ein sexuelles Interesse seinerseits und beobachtete ihn eine Weile voller

Argwohn. Als sie ihn mehrfach direkt ansprach, wies er den Verdacht weit von sich – lächerlich! Schließlich glaubte sie ihm. Manuela selbst hatte sie nicht gefragt. Ilse hatte die gleichen Skrupel wie Erika: Nur kein böses Gerücht in die Welt setzen und die Beziehung zwischen Vater und Tochter gefährden. Aber da war keine Beziehung. Die Angst vor der Antwort lähmt, wenn eine Frau nicht bereit ist, Konsequenzen zu ziehen.

Als Manuela ihre erste Menstruation hatte, kaufte Ilse Sekt, um dieses wichtige Ereignis im Leben ihrer Tochter zu feiern. Es sollte kein unangenehmes Erlebnis für sie sein, sie sollte ihren Körper lieben. Welcher Schock es für sie war, konnte Ilse nicht wissen, denn Manuela hatte ihr nicht gesagt, daß eine Woche vorher der Vater in ihr Bett gekommen war und sie die Periode jetzt als die beschmutzende Folge eines schmutzigen Ereignisses wahrnahm. Auch konnte Manuela ihren pubertären Körper nicht liebgewinnen, denn ihr Weg, den Mißbrauch zu verhindern, war, immer dicker zu werden. Alles, was Ilse sorgenvoll an der Tochter beobachtete, konnte sie nur der Pubertätskrise, dem Ortswechsel, der Umschulung zuschreiben. Die Probleme wurden so groß, daß sie darauf bestand, eine Familientherapie zu beginnen, an der ihr Mann ganz selbstverständlich teilnahm. Manuela sagte nichts.

Als sie dann die Wahrheit erfuhr, spürte Ilse nicht nur Mitleid, Betroffenheit und Enttäuschung, sondern auch eine große Erleichterung. Denn hier war auch die Erklärung für so vieles Unverständliche in den letzten Jahren und auch die Bestätigung, daß ihr Gefühl sie damals nicht betrogen hatte. Aber noch kein Zorn.

Ein Jahr verging, bis Ilse sich endgültig von ihrem Mann trennte. Mit Manuela setzte sie sich auseinander. Mutter und Tochter entwickelten ein gleichberechtigtes Verhältnis, das gegenseitige Unterstützung und Kritik beinhaltete. Manuela war inzwischen 19 Jahre alt. Spannungen entstanden, weil sie nicht verstand, warum die Mutter diesen Mann nicht endlich verließ. Ilse profitierte von der Wut und Eindeutigkeit ihrer Tochter, konnte aber noch nicht den gleichen Weg gehen. So traf es sie schmerzlich, als Manuela zeitweilig den Kontakt abbrach.

Mütter und Töchter müssen mit den beiderseitigen Ambivalenzen und dem unterschiedlichen Tempo der persönlichen Entwicklung fertig werden. Beide wünschen sich sehr, von der anderen akzeptiert und in den eigenen Schritten unterstützt zu werden. Die eine ist mit ihren Konsequenzen immer auch eine Herausforderung für die andere. Und beide sind empfindlich im Umgang mit dem neugewonnenen Vertrauen.

Obwohl Ilse noch mit ihrem Mann zusammenlebte, war sie nicht passiv. Sie beobachtete ihn, ging auf Distanz, analysierte ihre Rolle, wie sie funktioniert hatte, was die Kinder ihm bedeuteten. Ihr fiel auf, daß er der achtjährigen Tochter gegenüber das gleiche merkwürdige Gemisch aus Ignoranz und Aggression zeigte wie damals zu Manuela, und in ihr klingelte Alarm. Verstärkt suchte sie sich ein eigenes soziales Leben und einen eigenen Freundeskreis, um die Trennung vorzubereiten. Doch dann ertappte sie ihren Mann, wie er sich die jüngste Tochter, die noch ein Säugling war, ins Bett geholt hatte und an ihr masturbierte. Sie stellte ihn empört zur Rede, und er zog sich auf die lahme Ausrede zurück, er habe ganz zufällig eine Erektion, wie manchmal morgens. Jetzt wußte Ilse, daß er sich nicht ändern wollte und nichts gelernt hatte. Seine nächste Abwesenheit nutzte sie, um mit den Kindern auszuziehen. Die folgenden Monate waren bestimmt von dem Streit um die Unterhaltsregelungen, das Sorgerechtsverfahren und vom Psychoterror des verlassenen Mannes, der sein Recht auf die Kinder anmeldete.

Aus Erikas und Ilses Geschichte wird deutlich, daß sich eine Frau um ihrer selbst willen trennt, nicht nur der Kinder wegen. Für viele Frauen ist dieser Punkt allerdings dann erreicht, wenn der Mann sich an den Kindern vergreift und die Frau mitfühlen kann, was die Tochter erlebt. Sein Verhalten trifft mittelbar auch sie selbst. Als Ehefrau und Mutter muß sie wahrnehmen, wie sie selbst hintergangen und verletzt worden ist, muß ihre eigenen Gefühle zulassen und durchleben. Je weniger sie diese wegdrängt, desto eher wird sie in der Lage sein, eine eindeutige Entscheidung zu treffen, und um so ehrlicher wird sie sich der Tochter zuwenden können.

Als es Ilse um sich selbst ging, kam auch die Wut über die verlorene Zeit und die verlorenen Hoffnungen. Erbärmlich, feige und unfähig, so hatte sie ihren Mann zuletzt erlebt. Nach der Trennung erhielt sie fast täglich Briefe, in denen er sie wortreich und dramatisch anschuldigte und ihr die Verantwortung am Auseinanderbrechen der Familie gab. Er schien sich keiner Schuld bewußt: Ilse sei es, die die Kinder gegen ihn aufhetze, die sich von Egoismus leiten ließe, die Manuela zur Falschaussage verleitet hätte, und das alles nur, um sich zu emanzipieren. Peinlich, lächerlich, so fand Ilse die Briefe, aber es kostete sie Kraft, sie zu lesen und lächerlich zu finden. Sie stand vor der Erkenntnis, daß der Mann, mit dem sie über 20 Jahre gelebt hatte, nicht nur rücksichtslos mit dem Leben der Töchter und ihrem Leben umgegangen war, sie mußte auch sehen, daß er in der Auseinandersetzung darüber kindisch, bösartig und sich selbst gegenüber unehrlich war. Sie hat sich für ihn geschämt.

«Wir haben es genauso nötig wie die Mädchen, daß jemand zu uns sagt: ‹Ich bin auf deiner Seite, gleich was passiert›», beschrieb Ilse die Situation der Mütter. «Allmächtig und allverantwortlich sollen wir sein und es auf irgendeine mysteriöse Weise von Anfang an gewußt haben.» Um sich aussprechen zu können, hat sie gemeinsam mit Christel begonnen, eine Selbsthilfegruppe für Mütter aufzubauen. Christel, deren Tochter ebenfalls vom Vater lange Zeit mißbraucht wurde, hat ihre Geschichte detailliert in einem Buch veröffentlicht, das sich zu lesen lohnt (Christel Dorpat, 1982).

Wenn Töchter und Mütter jeweils bei anderen Unterstützung finden, dann ist viel erreicht, und das belastete Verhältnis zwischen ihnen kann sich entspannen. So stark auch das Bedürfnis nach Versöhnung sein mag, der Vertrauensbruch muß erst überwunden werden. Jede – Mutter wie Tochter – muß sich selbst wichtig nehmen und Unterschiedlichkeiten ertragen, statt sich zu viel Verständnis abzwingen zu wollen.

Ganz normale Familienväter, über jeden Verdacht erhaben

Über Männersexualität und Gewalt

Den Männern selbst und ihrem Verhältnis zu der von ihnen ausgeübten sexuellen Gewalt wollten wir uns zunächst nicht widmen. In der psychologischen und kriminologischen Literatur überwiegt die Beschäftigung mit der Perspektive des Täters, seinen Motivationen und Lebensumständen.

Unser Interesse gilt parteilich und ausschließlich den Mädchen und Frauen, ihrem subjektiven Erleben von Mißbrauch und Vergewaltigung. Ihre Schilderungen machten eindringlich klar, daß sie sich immer wieder überlegt hatten, warum der Vater, Bruder, Großvater das tut. Ihnen blieb nur übrig zu glauben, das alles sei normal oder sie allein hätten so ein ungewöhnliches Schicksal.

Mit Männern, die ihre Töchter oder andere Mädchen mißbraucht hatten, waren wir in Gerichtsverhandlungen konfrontiert. Ihr Leugnen, ihre Versuche, die Mädchen zu diffamieren, ihr Selbstmitleid oder ihre ungebrochene Selbstgerechtigkeit überstiegen unsere Geduld und unser Fassungsvermögen.

Unser Interesse am Verhalten von Männern wurde erst geweckt, als wir in der amerikanischen Literatur den Bericht eines Psychotherapeuten (Rich Snowdon, 1982) fanden, der mit sogenannten Inzesttätern gearbeitet hatte. Er bestätigte unsere Ansicht, daß Mißbraucher keine besondere Gattung Mann sind, daß sie wissen, was sie tun, und daß sie es als ihr gutes Recht ansehen. Hier trafen wir auf einen Mann, der sich mit Männergewalt auseinandersetzte, ohne sie zu entschuldigen oder sich sofort zu distanzieren.

«Als ich das erste Mal den Therapieraum betrat, bekam ich kaum den Mund auf, um ein freundliches ‹Hallo› zu murmeln. Ich setzte mich einfach in ihren Kreis. Als sie anfingen zu sprechen, konnte ich nicht genug darüber staunen, daß es ganz normale, berufstätige Männer waren, durchschnittliche Mitglieder der Gesellschaft. Sie erinnerten mich an die Männer, die ich aus meinem Leben kannte: Bob hatte dieselbe Art, Späße zu machen, wie mein Pfadfinderführer. Peter hörte sich genauso getragen und autoritätsbewußt an wie mein Pfarrer. George war Bankfachmann, ein Presbyterianer, nachsichtig wie mein Vater. Und am schlimmsten war es, daß Dave, den ich auf Anhieb mochte, mich plötzlich an mich selbst erinnerte. Ich sah mir jeden in der Runde genau an, betrachtete ihre Hände und ihre Münder, die solche Sachen gemacht hatten, und wollte um alles in der Welt nicht, daß sie mir zu nahe kamen. Doch ehe der Abend vorbei war, hatten sie mich berührt – sowohl mit ihrer Aufrichtigkeit als auch mit ihrem Leugnen, mit ihren Gewissensbissen und ihren Rechtfertigungen, kurz, mit ihren ganz alltäglichen Verhaltensweisen. Was sie sagten, erschien mir abwechselnd verrückt und ärgerlich oder krank und pathetisch. Aber immer klang es vertraut. Ich hielt mich selbst für einen netten Jungen, der nie in der Lage wäre, so etwas zu tun. Ich wollte, daß diese Männer Monster wären. Ich wollte, daß sie sich von mir unterschieden, so verschieden wie möglich. Doch wenn ich hörte, wie sie von ihrer Kindheit sprachen oder von ihrer Zeit als Teenager, konnte ich immer weniger leugnen, daß wir viel gemeinsam hatten.»

Dies sind die Erfahrungen von Rich Snowdon, der ein Jahr lang eine wöchentliche Therapiegruppe leitete, für Männer, die ihre Töchter mißbraucht und vergewaltigt hatten. Die Gruppentherapie gehörte zu den Bewährungsauflagen. Die bittere, aber aufschlußreiche Erkenntnis, daß es sich bei Mißbrauchern um ganz normale Männer handelt, fanden wir in der Literatur und in unseren Gesprächen bestätigt. Vergewaltigende Väter, Stiefväter, Großväter sind keine Psychopathen oder Monster, sie sind auch nicht krank. Sie entstammen jeder Schicht, üben die verschiedensten Berufe aus, sind ebenso häufig arbeitslos wie andere Männer auch, sehen genau wie andere samstags Fußball und spielen abends Skat. Sie sind meistens in den besten Jahren, manchmal sehr jung oder schon alt. Sie sind genauso oft verheiratet, geschieden oder ledig wie der Durchschnitt, sie sind ganz normale Männer.

Durch die herkömmliche Definition des Vergewaltigers als völlig anderen, Fremden scheidet der eigene Vater, der Ehemann, Familienzugehörige, gute Bekannte und Freund der Familie als Täter aus. Vor ihnen muß sich frau nicht in acht nehmen, sie sind Beschützer, ihnen kann sie vertrauen. So entsteht in der Familie und Bekanntschaft ein Frei- und Schutzraum für Männer, die – über jeden Verdacht erhaben – Mädchen gefahrlos jahrelang sexuell ausnutzen können. Dieser Schutz bleibt auch dann wirksam, wenn einem Vater der Mißbrauch nachgewiesen werden kann und ein Strafverfahren gegen ihn eingeleitet wird. Mit dem Hinweis, man habe es hier ausnahmsweise mit einem ganz untypischen Fall zu tun, nämlich mit einem fleißigen, wertvollen Mitglied unserer Gesellschaft, frei von Vorstrafen, sind sich Gutachter, Richter, Staats- und Rechtsanwälte einig: Vor ihnen steht kein Krimineller. Der Mann ist in Ordnung, ihm ist nur ein kleiner Fehler unterlaufen. Was ihm gebührt, ist keine Strafe, sondern allenfalls Beratung, höchstens Therapie. Alle beteiligten Männer verbindet eine Notwendigkeit: Sie wollen sich selbst und ihre Geschlechtsgenossen vor der Anstrengung und Herausforderung bewahren, ihr eigenes Sexualverhalten und Frauenbild hinterfragen, kritisieren oder gar verändern zu müssen.

Ausreden

Selten gesteht ein Mann, der entdeckt wird, die von ihm ausgeübte sexuelle Gewalt an der Tochter. Die meisten stellen vielmehr das Mädchen als Lügnerin dar und setzen sie damit quälenden Befragungen und Unterstellungen aus. Wenn sie die Vorwürfe bestätigen, dann haben sie Gründe und Entschuldigungen für ihr Verhalten. Sie setzen damit die Vergewaltigung und Verletzung des Mädchens fort.

Sie lehnen jegliche Verantwortung ab für das, was sie getan haben, und bestehen darauf, daß sie selber Opfer sind. Schuld sind die sexuellen Provokationen der Tochter oder die Frigidität der Ehefrau. Rich Snowdon faßt seine Erfahrungen zusammen im Bild des «gutmütigen Nikolaus zwischen der Lolita und der Hexe». Wenn die Ehefrau sich den sexuellen Ansprüchen ihres Mannes verweigert, ihm nicht die gewünschte Bewunderung oder Unterwürfigkeit entgegenbringt und ihn häufiger kritisiert oder fordert, als ihm lieb ist, greift der Mann zur Tochter, mit der Erwartung, in ihr die fügsamere Partnerin zu finden. Wir waren sprachlos, wie offen Männer ihr Bedürfnis nach Bewunderung und williger sexueller Passivität als Grund für ihren Schritt zum Mißbrauch der Tochter benannten. Der Konfrontation mit der erwachsenen Frau wird ausgewichen. Mit der Frigidität der Ehefrau war der sexuelle Übergriff auf das Kind erklärt und entschuldigt. Diese Männer waren offenbar nicht bereit, ihre sexuellen Bedürfnisse zurückzustellen oder zu verändern, bis sie im Einvernehmen mit einer Frau ausgelebt werden konnten, oder sich selbst zu befriedigen. Eigene Bedürfnisse von Frau und Tochter waren kein Thema. Wann eine Frau frigide ist und wann sie sexuellen Kontakt wünscht, das bestimmte der Mann – je nachdem, wie es ihm nützlich erschien. Einerseits wird die Frau als eigenständige Person geleugnet, andererseits wird Übermenschliches von ihr verlangt. Sie soll die Familie vor allen Problemen bewahren, die Töchter vor dem Vater schützen und den Vater vor sich selbst.

«So als ob sie privat alles lösen könnte, als ob sie in der Lage sei, ihren Ehemann über Nacht zu heilen. Denselben Mann, den Berufstherapeuten selbst nach jahrelanger gerichtlich angeordneter Therapie kaum ändern konnten» (Rich Snowdon, 1982).

Die widersprüchlichen Erwartungen an die Frau spiegeln sich in einer zweischneidigen Selbsteinschätzung der Männer. Der Anspruch auf unbegrenzte Macht und Gewalt in der Familie geht einher mit der völligen Abgabe von Verantwortlichkeit bis hin zur eigenen Entmündigung, denn wer nicht verantwortlich ist, kann auch nicht schuldig sein. Männer begeben sich nach Belieben in die Rolle des Despoten oder des Kindes.

Sie handeln nicht unbewußt, auch wenn sie versuchen, den Eindruck zu erwecken, sie seien ihrer Sinne nicht mächtig, könnten ihre Triebe nicht beherrschen, die Situation sei ihnen aus der Hand geglitten, sie hätten nicht gewußt, was sie da tun. Die Berichte von Mädchen machen deutlich, daß hinter dem Mißbrauch das Bewußtsein steht, der Mann habe ein Recht auf die Befriedigung seiner Sexualität, und zwar nach seinen Wünschen.

«Er sagte, Mama wäre immer so müde, und da habe ich als Kind schon gedacht, was habe ich damit zu tun? Ich habe das ungerecht gefunden, daß er dann seine sexuellen Bedürfnisse an mich herangetragen hat» (Heike).

Brutalität

Weiter zeigt sich, daß Männer Gewalt als legitimes Mittel zur Bedürfnisbefriedigung ansehen.

«Irgendwann wachte ich dann auf, als mein Vater sich zu mir ins Bett legte. Ich rückte an die Wand ran. Er hielt mich fest und sagte, ich brauche keine Angst zu haben. Ein anständiger Vater täte seiner Tochter nichts. – Was sollte das nun wieder? Ich wollte endlich schlafen! Eine Weile lag er ruhig. – Dann rückte er wieder näher an mich heran. Ich roch seinen Atem, er roch wieder nach Bier. Im anderen Bett lag der Fremde. Mein Vater machte ‹pscht, sei leise, laß den armen Kerl pennen›. Dann fing er an, meinen Körper zu streicheln. Er griff mir unter das Nachthemd an die Brust. Ich bekam panische Angst. Was wollte er? Weiter an die Wand rücken konnte ich nicht. Dann küßte er mich. Aber wie. So hatte er mich noch nie geküßt! –

Und sein Atem roch penetrant nach Bier. Ich merkte, wie er sich an seinem Glied zu schaffen machte. Er wollte es mir von hinten zwischen die Beine schieben. Mein Herz klopfte wie rasend. Er merkte es und sagte: ‹Du mußt nicht solche Angst haben, du wirst doch sowieso mal eine Frau. Und ich bin doch dein Vater!› Ja, mein Vater war er. Da hatte er recht.

Er hielt mich mit eisernem Griff fest. Dann verlagerte er sein Gewicht und drückte mit der einen Hand meinen Mund zu, und mit der anderen Hand umklammerte er meine beiden Arme, so daß ich mich nicht wehren konnte, und machte das Schlimmste mit mir, was ein Vater seiner Tochter antun konnte» (Christiane).

Die Macht, die ein Vater in unserer Gesellschaft hat, wird eingesetzt, um Töchter auf lebloses Eigentum zu reduzieren. Einen Besitzanspruch glauben Männer auf alle Frauen ihrer Familie zu haben. «Ich habe dich gemacht, und du gehörst mir»; «Sie ist meine Tochter, und das gibt mir das Recht, mit ihr zu machen, was ich will»; «Meine Familie ist meine Sache». So eindeutig äußerten sich Männer in der oben zitierten Therapiegruppe.

Im männlichen Denken ist Gewalt oft untrennbar mit Sexualität verbunden. Sexuelle Bedürfnisse sind getrennt von Gefühlen wie Liebe, Freundschaft, Respekt oder Sympathie auslebbar. Auch vehement geäußerter Ekel und Abscheu, sogar Haß von seiten des Mädchens hindern einen Mann nicht daran, sich an ihrem Körper zu befriedigen. Die Fixierung auf die eigenen Wünsche erzeugt ein eindimensionales Bild zwischenmenschlicher Beziehungen. Differenzierungen zwischen Zuwendung, Zärtlichkeit und Sexualität werden überflüssig. Es handelt sich nicht um Männer, die zu Differenzierungen unfähig sind. Sie machen sich nicht die Mühe, die Unterschiede zwischen ihren sexuellen Regungen und kindlichen Verhaltensweisen zu berücksichtigen. So produzieren sie das «Lolita-Syndrom» und können sich als hilfloser Mann darstellen, der verführt wurde, bzw. als guten Vater, der dem Kind nur das gab, wonach es verlangte. «Sicher üben sich viele Mädchen im Umgang mit männlichen Familienangehörigen im Flirt und in Schäkereien. Doch das sind Verhaltensweisen, die ihnen von den Eltern beigebracht werden. Was als verführerisches Verhalten erscheint, ist oft eine Imitierung von Erwachsenen aus der Umgebung. Ein Kind wird jedes verfügbare Verhalten benutzen, um positive Antworten von den Erwachsenen zu bekommen und ihre spezielle Aufmerksamkeit und Anerkennung. Sicher, kleine Mädchen benehmen sich in der Familie manchmal ein bißchen ‹weiblich›, aber das wird von ihnen erwartet. Sie kokettieren, aber das sollte doch zu Hause gefahrloser sein als draußen. Das ist doch kein Verfüh-

*Die Bücher kosten nur noch
ein Fünftel ihres früheren Preises ...*

... schrieb der Bischof von Aleria 1467 an Papst Paul II. Das war Gutenberg zu verdanken.

Heute, 500 Jahre später, kosten Taschenbücher nur etwa ein Fünftel bis ein Zehntel des Preises, der für gebundene Ausgaben zu zahlen ist. Das ist der Rotationsmaschine zu verdanken und zu einem Teil auch – der Werbung: Der Werbung für das Taschenbuch und der Werbung im Taschenbuch, wie zum Beispiel dieser Anzeige, die Ihre Aufmerksamkeit auf eine vorteilhafte Sparform lenken möchte.

ren zum Beischlaf. Die Verantwortung liegt immer beim Mann. Natürlich wollen Kinder Hautkontakt und körperliche Zärtlichkeit, aber nicht in dieser Form. Kinder müssen geherzt und geküßt werden, aber nicht sexuell mißbraucht», sagte uns Elisabeth Trube-Becker, Gerichtsmedizinerin aus Düsseldorf.

«Mädchen nehmen die Reduzierung ihrer Person wahr und reagieren mit Betroffenheit und Ekel vor der aufgezwungenen Sexualität. Ich finde, das ist das schlimmste Verbrechen überhaupt. Weil man sich gar nicht vorstellen kann, daß gerade der eigene Vater so was tut» (Doris).

«Ich weiß noch genau, daß ich das ganz eklig fand und gar nicht wußte, warum der jetzt seine Zunge in meinen Mund steckt. Meine Oma und ihr Freund waren für mich alte Leute. Wenn ich an ihn denke, sehe ich immer seinen faltigen ekligen Mund mit weißem Schleim an den Mundwinkeln. Ich wurde schon steif, wenn ich zur Tür reinging; bloß den Küssen entkommen. Aber er hat es immer weiter gemacht» (Anna).

Mädchen und Frauen werden nicht in ihrer Realität, sondern entsprechend dem männlichen Wunschbild so wahrgenommen, als wollten sie gerade immer das, was Männer wollen. Männer beweisen durch dieses Verhalten ihre Unfähigkeit zu gegenseitigem Respekt in einem gleichberechtigten Zusammenleben und ihre Unfähigkeit zum Genuß von Zärtlichkeiten, die nicht automatisch zu genitalem Kontakt und zur Penetration führen. «Sie wollte, daß ich zärtlich zu ihr bin, und kletterte mir immer auf den Schoß. Sie sagte ‹nein›, als ich zum Sex überging, aber ich glaubte ihr nicht, denn warum wollte sie sonst all das andere?», zitiert Rich Snowdon einen Vater.

Positive Zuwendung wird auf Sexualität reduziert und diese wiederum auf Penetration. Ein Vater penetrierte seine neun Monate alte Tochter und fügte ihr dadurch lebensgefährliche Verletzungen zu. Auf die entgeisterte Frage der Gerichtsmedizinerin, was ihn dazu bewogen habe, entgegnete er, er habe die Größenunterschiede abgeschätzt und gedacht, sein Penis passe hinein. In unserem Gespräch zitierte Elisabeth Trube-Becker einen amerikanischen Gynäkologen, der vor dem «Nationalen Ausschuß für Prostitution und Obszönität» einen Bericht gegeben hatte:

«Allein die Ungleichheit zwischen Kind und Erwachsenem müßte als Warnung ausreichen. Aus der unterschiedlichen Körpergröße ergeben sich klare medizinische Risiken. Ein winziger Mund, After oder eine kleine Vagina bieten einem erigierten Penis keinen ausreichenden Platz. Ich habe in der letzten Zeit in der Gynäkologie gearbeitet. Was sich dort abspielt, ist erschreckend. Die Stationen sind voller kleiner Mädchen. Sie sind innerlich zerfetzt. Die Reparaturarbeit, die wir leisten, spottet jeder Beschreibung. Es sind Folgen aller erdenklichen Arten des sexuellen Mißbrauchs. Früher behandelten wir Prostituierte, heute vor allem kleine Mädchen aus den besten Familien.» Für diejenigen, die sich damit trösten wollen, daß hier amerikanische Verhältnisse beschrieben werden, müssen wir betonen, daß Frau Trube-Becker im Gerichtsmedizinischen Institut in Düsseldorf ebenfalls erhebliche Verletzungen an kleinen Kindern feststellte: «Eingerissene Genitalorgane, Vagina und After kloakenförmig zerstört – zahlreiche Hämatome, Schürfwunden, Aftereinriß – ausgeprägte Würgemale am Hals, Bißspuren an mehreren Extremitäten und an der Brust . . .» (Trube-Becker, 1982).

Das Bild von Männersexualität, wie es sich hier zeigt, ist erschütternd: Ihre Befriedigung darin suchend, den Penis in eine Körperöffnung zu stecken, ohne Rücksicht, welche Schmerzen dadurch verursacht werden, sexuelle Erregung empfindend beim Vollzug eines Aktes, der auch dann Geschlechtsverkehr genannt wird, wenn er für das Mädchen gefährliche Körperverletzung bedeutet. Diese Rücksichtslosigkeit geht zusammen mit Verachtung für den weiblichen Körper und Gleichgültigkeit gegenüber dem Sexualobjekt. Zur Befriedigung männlicher Sexualbedürfnisse genügen auch Gummipuppen mit weiblichen Körperformen, auch Rümpfe und Körperteile aus Gummi oder Latex-Vaginas. Eine ganze Industrie lebt von dieser reduzierten Sexualität. Hier wird das Ausmaß der emotionalen Verarmung und Verkrüppelung sichtbar. Aber Gummipuppen empfinden wenigstens keine seelischen und körperlichen Schmerzen bei der Benutzung.

«Männer gegen Männergewalt»

Wir werden immer wieder gefragt, was wir denn tun können, damit Männer aufhören zu vergewaltigen. Dazu gibt es kein Rezept. Solange Männer nicht bereit und in der Lage sind, Respekt vor dem Leben und den Bedürfnissen von Mädchen und Frauen zu entwikkeln, werden sie ihre gewaltsamen Übergriffe fortsetzen. Ihre gesellschaftliche Macht bietet ihnen immer wieder die Möglichkeit dazu. Solange Frauen und Mädchen in Ehe und Familie patriarchaler Macht schutzlos ausgeliefert sind, ist kein Mann gezwungen, sich mit seiner und seiner Geschlechtsgenossen Gewalttätigkeit auseinanderzusetzen. Diese Machtverhältnisse zu ändern, daran arbeiten wir Frauen.

Männer, die die Notwendigkeit zur Veränderung sehen, können

Selbsterfahrungsgruppen gründen: «Männer gegen Männergewalt», wie es sie nach unserer Kenntnis bisher nur in den USA gibt. Wichtig ist, daß die Initiative sich nicht auf die persönliche Sensibilisierung der Männer in der Gruppe beschränkt, die damit innerhalb des engen Horizontes ihrer Beziehungen Sexualität mit Frauen erhalten und stabilisieren wollen, sondern auch eine ehrliche Auseinandersetzung mit den eigenen Gewaltstrukturen stattfindet. Darüber hinaus können sie beginnen, mit den Männern zu arbeiten, die nicht so viel von Sensibilisierung halten und für die offene Gewalt selbstverständlich ist. Frauen setzen sich seit langem intensiv mit der Brutalität von Männern auseinander und der oft nur schwer zu ertragenden Geduld und Hilflosigkeit von Frauen, ihrer ständigen Bereitschaft zu verzeihen und zu vergessen. Es ist an der Zeit, daß Männer sich in die Untiefen der Beweggründe ihrer Geschlechtsgenossen begeben. Bisher meiden sie sorgfältig die Konfrontation mit sexuellen Gewalttätern, sobald ihnen die Erklärungen und Entschuldigungen ausgehen und sie sich mit ihnen nicht mehr als den «Opfern gesellschaftlicher Verhältnisse» identifizieren können. Die übliche Reaktion ist dann Distanzierung. Mann macht es sich leicht.

Einen Ansatz zur Veränderung fanden wir in dem Leserbrief eines anonymen Mannes, nachdem die *TAZ* über den sexuellen Mißbrauch von Mädchen berichtet hatte.

«Es würde mich mal interessieren, wie viele Männer ganz gespannt oder sogar erregt Berichte, am liebsten ausführlich, von Vergewaltigungen lesen, gleichzeitig aber mit großer Klappe gegen Gewalt gegen Frauen reden. Reden können wir ja toll. Aber irgendwie ist sie ja da, diese Gewalt, und irgendwas muß mit ihr passieren... Ich finde es wichtig, daß wir Männer mehr damit allein machen. Ich finde es zu schlimm, um diesen ganzen Kram in Beziehungen oder Wohngemeinschaften anzugehen. Zu leicht meistern da wieder die Frauen die Beziehungsarbeit und tragen zusätzlich noch so manchen Frust und Schmerz davon. Es wird außerdem schon lange Zeit, daß wir Männer uns mehr zusammentun, um uns zu verändern, für mehr liebevolle Beziehungen und überhaupt Umgang miteinander» (*TAZ*, 28. 4. 1983).

Und für mehr Sicherheit für Frauen und Mädchen, wollen wir anfügen.

Rezepte gegen die Langeweile

*Wie Pornos und Herrenmagazine
zum Mißbrauch auffordern*

Wir hatten immer gedacht, es gäbe kaum Veröffentlichungen zum sexuellen Mißbrauch in der Familie. Es schien eine große Ausnahme, als der *Spiegel* 1976 über Kinderpornographie berichtete und der *Stern* 1982 einen Vorabdruck der deutschen Übersetzung von Florence Rush brachte. In der Tagespresse fanden wir ab und zu Berichte über aufsehenerregende Prozesse oder kurze unscheinbare Meldungen. In den Bibliotheken standen wenige wissenschaftliche und juristische Texte, unparteilich oder frauenfeindlich, die für uns fast durchgängig unbrauchbar waren, abgesehen von einigen amerikanischen Sammlungen.

Die harte Kinderpornographie, die wir in der amerikanischen Literatur beschrieben finden, scheint es bei uns nicht frei zugänglich zu geben. Wir verloren allerdings auch nach dem ersten Besuch im Sex-Shop die Motivation, uns ausführlicher auf die Suche zu machen. Am Kiosk fanden wir nur die Heftchen der biederen Freikörperkultur, wo ganze Nummern der Abbildung nackter Kinder gewidmet waren, hauptsächlich vorpubertärer kleiner Mädchen. Schwule Männer können Magazine mit nackten Jungen erwerben. Doch plötzlich entdeckten wir eine Literatur, die wir bisher übersehen hatten und die sich als wahre Fundgrube erwies: die sogenannten Herrenmagazine – *Playboy, Lui, Penthouse*, zuletzt sogar eine «Zeitschrift für die Frau»: *Cosmopolitan*.

Hier fanden wir recht oft Artikel über den sexuellen Mißbrauch von Kindern in der Familie unter Titeln wie: «Verbotene Früchte», «Der Mann, das Kind, die Lust», oder «Wenn der Vater mit der Tochter», «Inzest, das letzte Tabu».
Natürlich ist hier nicht von sexuellem Mißbrauch die Rede. Es geht um «Inzest», der als die letzte Bastion einer sexualfeindlichen Bürgermoral dargestellt wird. Ein Fossil, allerdings ein stabiles. Das letzte Tabu, das zu brechen sich diese prinzipiell tabubrechenden Journalisten und Journalistinnen aufgemacht haben. «Inzest» und «Tabu» – das klingt geheimnisvoll und vielversprechend, ein neuer Reiz für die Leser, eine Herausforderung an alle, die es sich bisher noch nicht ge-

wagt haben. Aus diesem Grund benutzen wir den Begriff «Inzest» nicht. Er verschleiert die Realität.

Es geht in den Texten z. T. betont wissenschaftlich her, Untersuchungen werden zitiert, Zahlen genannt, Dunkelziffern und Einschätzungen von Fachmännern gebracht. Der Ton ist neutral, oft schnodderig. Mißbrauchsgeschichten werden locker abgehandelt, Brutalitäten genießerisch dazwischengestreut. Die Richtung zum Verständnis weisen aber die Überschriften und Zwischenüberschriften und die Illustrationen. Jede Textpassage, in der in besorgtem Ton von Gewalttaten, Schädigungen und psychischen Folgen gesprochen wird, ist durch die dick gedruckten Aufforderungen zur Vergewaltigung aufgehoben.

Und alle haben sie ihren Freud gelesen. Kein Artikel, der nicht in den Freudschen Theorien die Begründung für die Verführung der Väter durch die Töchter sieht. Daß erwachsene Männer sexuelles Interesse an kleinen Mädchen haben, gilt als normal und wird überhaupt nicht problematisiert. Einigkeit mit dem Leser wird vorausgesetzt.

Ermunterung, sich an der Tochter zu vergreifen

Jeder, der bislang noch nicht gemerkt hat, daß er ein lüsternes Interesse an seiner kleinen Tochter hat oder an anderen kleinen Mädchen, der muß sich zurückgeblieben und beschämt fühlen nach der Lektüre von den «Enthüllungen von Jochen Ziem» unter dem Titel «Verbotene Früchte» (*Penthouse*, August 1982). Gleich zu Beginn wird der zögernde Leser beruhigt: «Die Lolita-Phantasien erwachsener Männer sind keineswegs eine einseitige Angelegenheit. Ebenso stark sind die Männer-Phantasien der Kindfrauen.» Herr Ziem steigt direkt ins Thema ein: «Sie erschlug ihren Vater und floh in den Westen. Die DDR stellte einen Auslieferungsantrag. Vergeblich! Das unmündige Mädchen fand Asyl im Schutz der christlichen Moral: Es war von seinem Vater mißbraucht worden – einigen Presseberichten zufolge bereits seit drei Jahren. Möglicherweise hatte sie also drei Jahre mit ihrem Vater geschlafen, bevor ihr die Sache so zuwider wurde, daß sie nach einem harten Gegenstand griff. Die genauen Ursachen sind noch nicht erforscht. Eine tiefenpsychologische Analyse des Mädchens steht aus. Fraglich ist, ob ihr freiwilliger Anteil am Mißbrauch je wird erforscht werden können.»

Dann geht der Autor über zu Freud und Kinsey und enthüllt, daß *Penthouse* selbst eine Umfrage unter Studentinnen verschiedener

Städte gemacht hat. Die Ergebnisse werden als «keinesfalls repräsentativ, aber äußerst aufschlußreich» bezeichnet:

«Fast die Hälfte der befragten Studentinnen gab zu, als Mädchen zwischen 8 und 15 Jahren Beziehungen zu Erwachsenen gehabt zu haben. In zwei Fällen wird von versuchter Vergewaltigung durch den erwachsenen Vetter berichtet, Beziehungen, die als widerwärtig empfunden wurden. Alle übrigen geben zu, daß sie an sexuellen Spielen aktiv mitgewirkt, sie provoziert oder sie bewußt herbeigewünscht hatten. Die Formen der Beziehungsaufnahme zu Vätern oder Verwandten sind vielfältig und entsprechen kindlicher Phantasie . . .»

Nachdem Herr Ziem breit auf die Tricks der kleinen Töchter eingegangen ist, mit denen sie ihre Väter zu lustvollen Beziehungen herumgekriegt haben, geht er über zur Schilderung anderer Kulturen, die nicht mit zerstörerischer sexualfeindlicher Moral behaftet sind. Wo der Verkehr mit Verwandten selbstverständlich ist, wo schon Kinder sexuelle Beziehungen (zu Gleichaltrigen!) haben können. Die Anerkennung der Sexualität von Kindern, das bewußte Wahrnehmen ihrer Genitalien und die Möglichkeit, sich Partnerschaften nach eigenem Wunsch zu wählen, werden hier auf eine Ebene gestellt mit dem Recht Erwachsener auf den sexuellen Zugriff auf Kinder. Das Verbot sexueller Beziehungen zu Kindern wird präsentiert als die Spitze einer ganzen Kette von Reglementierungen, die die Sexualfeindlichkeit unserer Kultur dokumentieren und die jeder fortschrittliche sinnesfreudige Mensch unterlaufen muß. Die Vertreter dieser Moral werden Moralapostel genannt, die sexuelle Revolution gilt so lange als Schein und als Produkt unserer Verklemmungen, bis dieses letzte Tabu gefallen ist.

Unfrei fühlt sich der Leser, weil ihm die kleinen Mädchen verboten sind. Kultur- und Sexualgeschichte wird aufgerollt. Der Leser denkt voller Nostalgie an die Zeiten früher mittelalterlicher Badehäuser und die dort herrschende unschuldige ungehemmte Sinnlichkeit. Die Belastung durch Schuldgefühle in unserer Zeit wird beklagt. Und wieder wird ein eindeutiger Zusammenhang dargelegt:

«Acht von zehn Eltern schlagen ihre Kinder noch, wenn sie an ihren Genitalien manipulieren. Und so, wie das normale erotische Empfinden geprügelt wird, prügelt sich der Erwachsene selber, wenn er sich bei einem normalen Vorgang ertappt: Wenn zum Beispiel ein erwachsener Mann einem noch nicht erwachsenen, aber geschlechtsreifen Mädchen hinterherschaut. Da erigiert ihm nicht der Penis, da richtet sich in ihm der Rohrstock auf.»

Lui (9/1982) veröffentlicht eine «Untersuchung von Dr. Toni

Meissner» und kommentiert den Titel «§ 173 – Inzest, das letzte Tabu»: «Mann, müßten da aber viele Leute ins Gefängnis.» Dem Konjunktiv kann der Leser gleich entnehmen, daß er es nicht ernst nehmen muß mit der Strafandrohung.

Verharmlosung des Mißbrauchs

Die Vokabel «Laster» hat den gleichen Beigeschmack wie «Tabu» oder «Inzest»: anrüchig, verboten und deshalb besonders reizvoll. Wie auch die Reporterin Charlotte Seeling bemerkt: «Denn wie alle spannenden Spiele steht der Inzest unter Strafandrohung» (*Cosmopolitan* 6/1983). Herr Meissner zitiert die Kriminalstatistiken, weiß aber viel mehr; er kennt die verschwiegenen Realitäten:

«Wie sieht die Regel aus? Unter gewissen Vorbehalten kann man sie sich etwa so vorstellen, wie sie der Louis Malle-Film ‹Herzflimmern› schildert: Eine schöne Mama führt ihren von pubertären Beschwerden geplagten, etwa sechzehnjährigen Sohn aus durchaus nicht nur aufklärerischen Gründen in die Praxis der körperlichen Liebe ein, worauf dessen Beschwerden schlagartig verschwinden. Auf der gleichen Ebene liegt die sexuelle Aufklärung und Initiation der Tochter durch den Vater, wie sie etwa progressive Aufklärungs-Comics empfehlen: Papa legt liebevoll Hand an die hormonell Gequälte (‹Tut dir das gut?›) und erntet nach behutsam vollzogener Defloration Küsse anstatt Vorwürfe. Was die Gerichte aburteilen, sind fast ausschließlich die haarsträubenden, krassen und kriminellen Fälle ... Nicht vor dem Gesetz, aber vom verdeckten Motiv her sind etwa ‹strenge› Väter und Mütter, die die Züchtigung ihrer Kinder lustvoll genießen, Inzesttäter ... Kann man das ‹grausam-zärtlich› mißhandelte Kind gerade noch als ‹Opfer› bezeichnen, in weitaus mehr Fällen gibt es keinerlei Opfer. Ernest Borneman in seinem ‹Lexikon der Liebe› weist darauf hin, daß es zumeist der weibliche Teil ist, der die inzestuöse Verbindung anstrebt und einleitet.»

Ist der Leser immer noch nicht von der Harmlosigkeit des sexuellen Mißbrauchs überzeugt, so wird ihm weiter versichert, «Inzest» führe auch nicht zur Degeneration, der «Verwandten-Beischlaf» bringe durchaus gesunden Nachwuchs hervor, also wie unsinnig, ihn zu verbieten. Ein Argument mehr, sich diesen natürlichen Neigungen hinzugeben und die Tochter zu mißbrauchen und zu schwängern? Und als letzter durchschlagender Beweis wird noch ein Beispiel aus der Antike gebracht: Göttervater Zeus schlief mit seiner Schwester Hera!

Der Artikel des Herrn Dr. Meissner mündet in eine Einschätzung der abendländischen Kultur, die im Wandel der Moral das «Menschenrecht auf Lust, auf neue und grenzenlose Lust» fordere. Auch die Phantasie eines *Lui*-Lesers ist, ebenso wie seine Lebensrealität, längst auf ihre Grenzen gestoßen, und frustriert in der Suche nach immer wieder neuen Anreizen. Als «neu» wird hier also das angeboten, was bisher verboten war: das Kind, das Mädchen, die eigene Tochter. Begriffe wie «Laster» und «Tabu» klingen noch in den Ohren, der Leser mag sich von dieser neuen Sexualität vielleicht ein Maß an Lust versprechen, das er sich selbst zu geben nicht imstande ist. «Neue Lust», das heißt nicht Veränderung der eigenen Fähigkeit zur Lust, sondern einfach: ein neues Sexualobjekt. Die Forderung nach dem «Menschenrecht auf Lust» ist nichts anderes als die Forderung nach legalem Zugriff der Männer auf alle Körper, die sich nicht dagegen wehren können. Wenn jemand empört ist: Herr Meissner nennt uns «die Instanz, an die eventuelle Proteste oder Beschwerden zu richten sind»: den «Zeitgeist».

«Die erotische Kultur des Abendlandes, die so lange von Institutionen gegängelt wurde, wandelt sich. Die neue Sexualmoral fordert nicht nur keine Enthaltsamkeit, sondern kategorisch das Menschenrecht auf Lust, auf neue Lust und grenzenlose Lust – woher auch immer und wie radikal und total auch immer. Eine wichtige Rolle bei der sexuellen Entkrampfung spielt auch das Ende der Vergötzung von «Mutter» und «Vater», das heißt des magisch-mythisch überhöhten Bildes der Mutter als Gebärerin und der phallokratischen Autoritätsfigur des Vaters als Erzeuger und Ernährer. Damit verändert sich wie von selbst nicht nur das Verhältnis der Geschlechter zueinander, sondern auch der Generationen. Das bedeutet gewiß nicht, daß der kriminelle Inzest zunimmt als Delikt persönlichkeitsgestörter, aggressiver Triebtäter. Die ‹epidemische Zunahme› erwarten Experten wie Giaretto vielmehr in jener gutbürgerlichen, durchaus gewaltfreien ‹Verheimlichungszone› des suburbanen Bungalow-Milieus, in dem sexuell stimulierte Väter mit ihren akzelerierten Töchtern spielen und gelangweilte Mütter mit ihren frühreifen Söhnen.»

Macht und Abhängigkeit sind Begriffe, die für diese Autoren unbekannt sind. Auch Charlotte Seeling vertritt die Meinung, daß doch alles nicht so schlimm sei, im Gegenteil!

«Auf der 14. Tagung der Deutschen Gesellschaft für Sexualforschung wunderte sich Ex-Verfassungsrichter Martin Hirsch, warum Verführung zur Sexualität verboten ist, nicht aber Verführung zu Alkohol und Nikotin, die doch nachgewiesenermaßen gesundheitsschädlich sind – was man über den Beischlaf an sich wohl kaum sagen kann. Außerdem: zur Sexualität komme jeder von allein, zu den Genußmitteln nicht unbedingt. Woraus man schließen könnte, daß ein bißchen Nachhilfeunterricht durch erfahrene Familienmitglieder nicht verdammenswert sein dürfte. Manch einer stellte denn auch die ketzerische Frage: Könnte es nicht sogar wertvoll sein, wenn Kinder durch ihre Eltern nicht nur theoretisch, sondern auch praktisch aufgeklärt würden?» (*Cosmopolitan* 6/1983). Neben diesen Thesen das Großfoto eines kleinen Mädchens mit kindlichem Gesicht und fraulichem Körper, einen Teddybären auf dem nackten Schoß.

Ob sie die Tochter von Frau Seeling oder die von Herrn Hirsch ist?

Ein Recht auf Zärtlichkeit?

Auseinandersetzung mit den Forderungen der Pädosexuellen

In den letzten Jahren treten in der Öffentlichkeit verstärkt Gruppen und Organisationen von Pädosexuellen auf. Sie fordern die Streichung des § 176 StGB und damit die Freigabe von sexuellen Beziehungen mit Kindern unter 14 Jahren. Wenn sie auch noch keine starke Bewegung geworden sind, so wollen wir doch auf ihre Argumentation hier eingehen. Die Beziehungen der Pädosexuellen spielen sich in der Regel nicht innerhalb von Familien ab, doch die Forderungen, die sie stellen, betreffen sehr wohl auch die Mädchen, die unter dem Mißbrauch durch Familienangehörige leiden. Die pädosexuellen Männer mögen den mißbrauchenden Vätern in einigen Zügen ähnlich sein, in anderen unterscheiden sie sich sehr. Da ihre Präferenz ausschließlich bei Kindern liegt, ist die Erfüllung ihrer sexuellen Bedürfnisse ständig von Strafe bedroht. Da sie die Kinder nicht vergleichbar zum Schweigen zwingen können, wie das in den Familien üblich ist, sind sie der Strafverfolgung stärker ausgesetzt. Diese Bedrängnis und ihre Überzeugung, ein Recht auf Sexualität mit Kindern zu haben, läßt sie offensiv werden. Ihre Offensivität – im Gegensatz zu der Feigheit der Väter – bringt ihnen öffentliche Sympathien ein.

Der § 176 StGB bietet einen wesentlichen rechtlichen Schutz für die weitgehend ungeschützten Mädchen und muß daher auf jeden Fall erhalten bleiben. Folgen wir den Darstellungen der Pädosexuellen, so stellt dieser Paragraph eine extreme Diskriminierung von Erwachsenen und eine Entmündigung von Kindern dar, und jeder fortschrittlich denkende Mensch muß sich dem Kampf gegen diese einschränkende Rechtsvorschrift anschließen.

Verbündete bei ihren Bestrebungen finden die Pädosexuellen in der Homosexuellenbewegung, bei linken Journalisten und alternativen Parlamentariern. Von ihnen werden die Forderungen der Pädosexuellen sehr unkritisch unterstützt und erlangen so zum Teil breite Öffentlichkeit. So z. B. erst kürzlich der Fall Peter Schult, der weithin als ein Beispiel für die besondere Diskriminierung von Pädosexuellen auch im Strafvollzug dargestellt wurde, anstatt hier ganz allgemein die

Forderung nach menschenwürdiger ärztlicher Versorgung von Häftlingen zu stellen. Die schwulen Männer tragen alljährlich auf ihren Demonstrationen neben der Forderung nach Abschaffung des § 175 – die auf jeden Fall unterstützt werden sollte – auch die Forderung nach der Streichung des § 176. Auch in die parlamentarische Diskussion um die Änderung des Sexualstrafrechts wurde diese Forderung eingebracht. Die männlichen alternativen oder grünen Parlamentarier, die sie vertraten, setzten sich damit in krassen Gegensatz zu ihren weiblichen Kolleginnen, die für einen stärkeren Schutz der Mädchen/Kinder plädieren.

Die Pädosexuellen klagen heftig die Unterstützung der Frauen und Lesbenbewegung ein, da Frauen ebenfalls eine sexuell unterdrückte Gruppe seien und deswegen zur Solidarität mit sexuell geächteten Minderheiten wie den Pädosexuellen geradezu verpflichtet. Bislang wurde diese Unterstützung versagt (vgl. hierzu auch *Emma* 4/1982 und *UKZ* 5/1982). Frauen durchschauen sehr wohl die doppelzüngige Argumentation der Pädosexuellen und haben auch weniger Angst davor, wegen ihrer Distanzierung für rückschrittlich gehalten zu werden. Bei geplanten gemeinsamen Aktionen von homosexuellen Frauen und Männern werden die Forderungen der Pädosexuellen mehr und mehr zum Streitpunkt.

Wer aber sind nun diese Pädosexuellen, und wie begründen sie ihre Forderung nach Abschaffung des § 176?

Bisher war in diesem Buch von Männern die Rede, die wir als «Gelegenheits-Pädosexuelle» bezeichnen könnten. Auch sie machen manchmal ein Kind zum Objekt ihrer Begierden, wenn sich die Gelegenheit bietet, sie haben aber durchaus Beziehungen zu erwachsenen Frauen, sind oft gute Ehemänner. Sie bevorzugen Mädchen, doch manchmal sind auch ihre Söhne nicht vor ihnen sicher. Die Pädosexuellen – die sich bis vor kurzem noch Pädophile genannt haben und nun die präzisere Namensgebung wählten – sind Erwachsene, deren sexuelles Interesse sich ausschließlich auf Kinder richtet. In der Regel sind es Männer. Die in einigen Publikationen auftauchenden Bekennerbriefe von pädosexuellen Frauen fallen nicht ins Gewicht (es werden immer wieder die beiden gleichen zitiert). Es gibt sowohl Hetero- wie auch Bi- oder Homopädosexuelle. Letztere sind diejenigen, die bisher am stärksten in die Öffentlichkeit treten als doppelt verfolgte Gruppe. Allerdings stellen sie keine Forderungen, die spezifisch für ihre Homosexualität sind, und sprechen damit für die anderen Pädosexuellen mit: Sie verlangen allgemein die Freigabe der Sexualität mit Kindern.

Die Pädosexuellen präsentieren sich selbst als eine zu Unrecht diskriminierte und sozial und strafrechtlich verfolgte Randgruppe, die um ihr Recht kämpft, ähnlich wie es die Homosexuellen um die Straffreiheit für ihre Beziehungen und die Frauen um Gleichberechtigung tun. Sie beschreiben sich als das letzte Glied in der Reihe der von bürgerlicher Moral verfolgten sexuell Abweichenden: Die sexuelle Befreiung, das Ende der Doppelmoral, das alles ist erst dann erreicht, wenn die gesetzlichen Altersschranken fallen und – hier überrascht der schnelle Wechsel des Subjekts – endlich den Kindern die Sexualität nicht mehr verboten wird. Die Unterdrückung und das Leugnen von kindlicher Sexualität durch Elternhaus, Pädagogik und Rechtsprechung wird zum Vorwand für das Durchsetzen erwachsener, männlicher Interessen. So hat sich z. B. die «DSAP – Deutsche Studien- und Arbeitsgemeinschaft Pädophile» kurzerhand in «Arbeitskreis Kinderemanzipation» umbenannt. Oder, wie ihr Fürsprecher B. Bendig schreibt: «Pervers ist es, den Kindern ihre Sexualität zu stehlen. Pervers ist es, Kinder bei der Entfaltung und Kultivierung ihrer Sexualität allein zu lassen. Pervers ist es, die Gemeinschaft stiftende und zu lustvollem Erleben sozialer Beziehungen befähigende Sexualität zu diffamieren und zu kriminalisieren» (*Zitty* 26/1979).

«Alle Kinder haben ein Recht auf Sexualität», das ist leichter auszusprechen und klingt mehr nach sozialem, pädagogischem Engagement als: «Jeder Erwachsene hat das Recht auf Sexualität mit Kindern.» Diese Formulierung beinhaltet klar einen Machtanspruch. Aber von Macht, Autorität, Abhängigkeit und Gewalt ist in den Veröffentlichungen der Pädosexuellen nicht die Rede, ebensowenig von den sexuellen Wünschen oder gar den Verführungstaktiken der erwachsenen «Kinderfreunde». Wer von vornherein ein gegebenes Machtgefälle zwischen Kindern und Erwachsenen annimmt, wird für engstirnig erklärt: Ihm fehlt die Phantasie, sich eine veränderte Gesellschaft und ein verändertes Zusammenleben der Generationen vorzustellen. In den Selbstdarstellungen geht es um reine, sanfte Zärtlichkeit und nur um die Wünsche der Kinder. Von «allumfassender Liebe», in der die Kinder «Zärtlichkeit und Geborgenheit erfahren», ist die Rede, wenn Sexualität gemeint ist. Pädagogik und Erziehung werden kritisiert, nicht nur, weil sie Kinder am Ausüben ihrer Sexualität hindern, sondern auch, weil sie Kinder vor sexuellem Mißbrauch warnen, wie z. B. das Informationsblatt einer Krankenkasse, das sich gegen das Stereotyp des «schwarzen Mannes» ausgesprochen hatte (*Zitty*, a. a. O.). Aber die Pädosexuellen selbst argumentieren mit einem «pädagogischen Auftrag» oder gar mit einer «ethisch-moralischen Sendung»: «Der Pädosexuelle stellt nur fest, daß er dem Kind Wärme, Zärtlichkeit und Entspannung gegeben hat und daß er

112

es mit der natürlichsten Methode der Welt behutsam dem Lebensbereich der Erotik zugeführt hat und damit verhinderte, daß es später unvorbereitet und verkrampft in eine Zerrwelt der Sexualität hineingestoßen wird, die sich selbst verstümmelt und ihren eigenen ethischen Wert nicht mehr wahrnimmt ...», so der Heteropädosexuelle Hardy Sigfrid Scheller (*Zitty*, a. a. O.). Die Überzeugtheit, mit der Herr Scheller seine Sexualität als den besten und «natürlichsten» Weg zur Erotik beschreibt, ist abenteuerlich! Hier wird der Pädosexuelle nicht nur zum Kulturträger, sondern auch zum guten Menschen per se erklärt. «Pädophilie ist das Talent, die Signale der Kinder zu verstehen und anzunehmen und in einer Weise darauf zu reagieren, die wiederum von Kindern verstanden und angenommen wird», so B. Bendig (*Zitty*, a. a. O.). Es ist oft der Fall, daß gesellschaftlich diskriminierte Gruppen ihr Anderssein stark positiv definieren, um zu eigener Identität und Stärke zu finden – «Black ist beautiful», «Gay is beautiful», «Lieber lesbisch» u. a. –, doch dieses Selbstlob wird fragwürdig, wenn es den Übergriff auf die Persönlichkeitsrechte anderer rechtfertigt, wie es immer dann der Fall ist, wenn Erwachsene das «Recht» auf Kinder anmelden. Ihre Argumentation erinnert fatal an die der Väter, die ihre Töchter «in die Sexualität» einführen, damit es nicht «die Jungens von der Straße tun».

Weitere Parallelen fallen ins Auge: Da wird eine Flut von wissenschaftlichen Beweisen angeführt, daß es die Kinder sind, die den Sexualkontakt zu den Erwachsenen wünschen und provozieren. Angeblich im Interesse der Kinder selbst werden diese Untersuchungen zitiert. Die Illustrationen dazu zeigen z. B. einen kleinen Jungen neben einem großen Mann, und der Junge denkt: «Wie mach ich es bloß, daß er es mit mir treibt?» Von der großen Bereitwilligkeit der Kinder ist die Rede, sexuelle Kontakte zwischen Eltern und Kindern werden als fortschrittlich und unproblematisch beschrieben, jegliche Schädigung durch sexuelle Übergriffe verneint. Im Anschluß an unsere Gespräche mit mißbrauchten Frauen und Mädchen sind diese Texte wie ein Schlag ins Gesicht. Einzig körperliche Mißhandlung wird kritisiert. Sie paßt auch nicht in das Bild sanfter Lust und Zärtlichkeit.

Wenn wir genau hinsehen, wie Pädosexuelle ihre Sexualität und ihre Beziehungswünsche beschreiben, so finden wir viel Verschwommen-Moralisches, viele Wunschträume und viel Überästhetisierendes, von konkreten Personen abstrahierende Körperlichkeit. Z. B. in dem Brief eines Heteropädosexuellen (an den sub-rosa-Frauenverlag als Reaktion auf das Buch von Florence Rush). Er sagt von sich selbst, er sei Anfang 50 und «kein Adonis»: «Meine große Liebe sind Mädchen zwischen 5 und 12 Jahren, dabei sollten sie blond, schlank und anschmiegsam sein und schmusen können. Warum das so ist? Nun, ihre Körper sind meist makellos, unverbraucht, nicht behaart, sie haben keine Hängebusen, keine schlaffen Hintern, sie riechen nicht aus dieser oder jener Öffnung. Ihre Hände und Füße sind wohlgeformt, kurz, sie sind eine Augenweide für Ästheten, und ich bin einer. Wenn sie einen anlächeln, dann tun sie es nicht aus Berechnung ...» Oder Uwe Kroll (der Name wurde von der *Zitty*-Redaktion geändert, *Zitty*, a. a. O.). «Für mich sind Knabe und Jüngling die schönste Erscheinungsform menschlicher Wesensart und Gestalt überhaupt. Daher sind sie Objekte meiner Sehnsucht. Es ist ein natürlicher Drang von so elementarer Gewalt, die keinen Widerspruch duldet ... Das heitermelancholische Wesen und kindliche Gemüt eines Knaben, das liebe Milchgesicht, der Mund, die Augen, das Haar, der zart-samtene Schmelz der unbehaarten Knabenhaut, die grazile Gestalt, die warme glatte Brust, die schmalen Hüften, die feingliedrigen Arme und Hände, die schlanken Beine und Schenkel, der weiche und schöne Knabenpopo und das noch mehr knospenhafte Genital – dies alles übt auf mich einen ganz einzigartigen, unvergleichlichen, durch nichts zu ersetzenden Reiz aus ...» Im Gegensatz zu dem oben zitierten Briefschreiber, der offenbar keine Skrupel hat, den Mädchen seinen sicherlich behaarten und weniger wohlgeformten Körper zuzumuten, finden wir bei Kroll eine selbstzerstörerische Auseinandersetzung: «Das Gefühl, es nicht mehr im eigenen Körper auszuhalten. Ich schäme und geniere mich meiner Fettleibigkeit und meiner Körperbehaarung wegen und fühle mich unfrei und uralt.»

Neben der Schönheit der Kinderkörper, die vorrangig als Motivation für sexuelle Bedürfnisse Kindern gegenüber genannt wird, ist es auch die Spontaneität und Unbefangenheit der Mädchen und Jungen, die anziehend wirkt. An diesen Möglichkeiten teilzuhaben ist Wunsch der Erwachsenen. Sie selbst interpretieren ihr Verhalten als Mut, Talent und positive Fähigkeit gegenüber den anderen, Verknöcherten, Bürgerlichen, Ängstlichen. So Herr Scheller in einem Informationsblatt der AHA (Allgemeine homosexuelle Arbeitsgemeinschaft e. V., Berlin, Mai 1980).

«Warum ich pädophil bin? Warum ich nicht zum Psychiater laufe, um mich umfunktionieren zu lassen? Weil ich das Leben liebe und nicht tot sein möchte; und weil ich noch ein paar gesunde Hemmungen gegen praktizierte Nekrophilie habe. Wie sonst soll ich jenen traurigen Vorgang nennen, wenn psychosexuelle Leichen andere psychosexuelle Leichen koitieren? ... Ich bin pädophil, weil ich das Leben liebe und weil ich menschliches Leben in unseren Breitengraden bisher – von wenigen Ausnahmen abgesehen – nur bei Kindern vorgefunden habe. Kinder sind das große Reservoir echten Lebens in unserem Zeitalter der gut funktionierenden Zombies ...»

Kinder als Reservoir positiven Lebensgefühls, das sich die Erwachsenen nicht selbst schaffen können. Das ist schamlose Ausbeutung. Es ist den «Kinderfreunden» zu mühsam, nach den «wenigen Ausnahmen» zu suchen oder sich selbst und andere zu verändern zu suchen, um das Leben lebenswert zu finden. Da müssen die Kinder herhalten. Ebenso wie Männer Zärtlichkeit und Wärme, zu der sie sich selbst nicht fähig fühlen, immer bei Frauen gesucht haben. Die Erkenntnis der eigenen Unfähigkeit bzw. der Unfähigkeit ihres Geschlechts bringt sie nicht dazu, gesellschaftliche Änderungen so anzustreben, daß sie bei sich selbst anfangen, sondern veranlaßt sie ausschließlich zur Forderung, das gesetzliche Schutzalter abzuschaffen. Nicht das eigene Leben wird verändert, sondern anderes Leben wird vereinnahmt und zum Objekt gemacht. Die Trauer um die eigene verlorene Jugend ist nachvollziehbar, aber keine Entschuldigung. «Ich verstehe das Leben oft nicht mehr. Ich habe das Gefühl, meine Jugend völlig sinn- und nutzlos hinterm Schreibtisch verbraten zu haben. Die Jugend oft eine einzige Wunde, die Vergangenheit ein Gefängnis. Die Sehnsucht, wenigstens noch ein bißchen Jugend zu leben, übergroß» (Uwe Kroll in *Zitty*, a. a. O.).

Wir haben keine Aussagen darüber gefunden, wie Mädchen oder Jungen ihr körperliches Verhältnis zu den Männern beschreiben, außer in Fällen, wo klar eine Mißbrauchssituation bestand. Was haben diese erwachsenen Männer, die sich selbst häßlich und alt fühlen, den Kindern zu bieten? Der Schlüssel zu diesen Beziehungen – wie zu allen ungleichen Beziehungen – ist Geld und Macht, die Grenze zur Prostitution ist fließend.

«Klaus, heute zwanzigjährig und heterosexuell, berichtet von seiner Freundschaft zu dem viel älteren Bernd Keunen (Der Name wurde von der *Zitty*-Redaktion geändert): ‹Wir sind öfter hin zu Bernd. Da konnten wir Schach spielen, Karten kloppen, mal 'n Bier trinken, rauchen, und keiner war da, der sagte: Mach dies nicht und mach das nicht» (*Zitty*, a. a. O., S. 25). Der weiter oben zitierte Heteropädosexuelle beschreibt in seinem Brief, wie er die Mädchen für sich gewinnt: Indem er sie beschenkt, mit Komplimenten überschüttet, wie Erwachsene behandelt, zum Essen bei Kerzenschein ausführt usw. Hier wird die Unmündigkeit von Kindern ausgenutzt. Jedes Kind wünscht sich, ernst genommen zu werden wie eine erwachsene Person, Freizügigkeit zu genießen, nicht immer bevormundet und kontrolliert zu werden. Jedes Kind wünscht sich auch ganz persönliche Zuwendung und Zärtlichkeit. Aber aus den Beschreibungen geht in keinem Fall hervor, daß die Kinder sich Sexualität gewünscht haben. Vielmehr dulden sie die Sexualität des Mannes, um sich die anderen Vorteile seiner Freundschaft nicht zu verscherzen. Das ist Mißbrauch.

Die oft sehr desolate Lage von Kindern und Jugendlichen fördert die Prostitution: «Die Freier warten auf den Superboy, den schönen, weichen, lieben Jungen, der zärtlich alle Wünsche erfüllt. Die Jungen wiederum warten auf den Super-Freier, der sie aus der ganzen Scheiße rausholt, der ihnen neue Klamotten, eine Wohnung, einen Job besorgt. Beide warten vergebens.» So beschreibt Uwe Kroll die Situation in Berliner Stricher-Bars. Sexualität wird also als Chance für chancenlose Kinder und Jugendliche angeboten. Erwachsene nutzen die Bedürftigkeit aus und kaufen sich Kinderkörper, Jugend und Zuwendung. Gleichzeitig benutzen sie die Lage der Kinder für ihre Rechtfertigung: Sie verweisen darauf, daß ihre Lieblinge es gut bei ihnen hätten, Geschenke erhielten, gemeinsam Aktivitäten unternähmen, bei den Schularbeiten unterstützt würden. Dieses liebevolle, fördernde Verhalten würde hart bestraft, wogegen prügelnde Eltern straffrei bleiben. Die Liebesbeziehungen würden angeblich durch den Eingriff der Gerichte zerstört, die Kinder nachhaltig geschädigt werden. Der Pädosexuelle werde beruflich und privat ruiniert, schlechter behandelt und strenger bestraft als ein Gewalttäter. Er sei verachtet und diskriminiert, selbst von Mitgefangenen verfolgt.

Einige dieser Vorwürfe mögen berechtigt sein, trotzdem können wir die Forderungen der Pädosexuellen nicht unterstützen: Wenn etwa Kinder in dieser Situation durch Gerichtsverhandlungen traumatisiert werden, müssen nicht die Altersschutzbestimmungen aufgehoben werden, sondern die Verfahrensweisen der Gerichte müssen geändert werden: kindliche Zeugen/Zeuginnen sollen geschützt und nur einmalig befragt werden und Anspruch auf anwaltliche Vertretung haben.

Wenn Gerichte Fehlentscheidungen treffen, müssen deshalb nicht die Strafbestimmungen abgeschafft, sondern die Richter befähigt werden, vorurteilsfreier zu entscheiden. Wenn die gesetzlichen Bestimmungen bisher den Schutz von Kindern nur begrenzt sichern, folgern wir daraus nicht, daß sie abgeschafft werden müssen, sondern daß ihnen größere Wirksamkeit verliehen werden muß. Die Gesetze erfordern eine eindeutige Regelung, was die Altersgrenze betrifft. Ein Gericht kann damit flexibel umgehen. Natürlich ist es unsinnig, einen fünfzehnjährigen wegen einer Beziehung zu einem/einer dreizehnjährigen zu belangen, wenn es sich um eine einverständliche Beziehung handelt.

Auch sollten Hetero- und Homopädosexualität gleich behandelt werden. Wir halten die heterosexuelle Pädophilie, den Mißbrauch von kleinen Mädchen durch erwachsene Männer, für sehr viel problematischer, weil zum Machtverhältnis zwischen den Generationen auch noch das zwischen den Geschlechtern dazukommt. Wenn sich kleine Jungen mit dem erwachsenen Mann teilweise identifizieren können, Bestätigung durch sein Interesse erhalten und die materiellen Vorteile nutzen können, so steht für jedes Mädchen die Gefahr der Penetration im Hintergrund, gleich wie vorsichtig der Mann die Sexualität beginnt. Dem Mädchen bleibt nur die Unterwerfung vor dem übermächtigen männlichen Erwachsenen, ohne positive Identifizierung.

Selbstverständlich haben alle Kinder eine eigene Sexualität. Und ein Recht darauf. Sie sollen ihren Körper und ihre Wünsche entdekken, ohne Repressalien zu erleiden, und sie sollen in gleichberechtigten Beziehungen Sexualität erproben. In unserer Gesellschaft ist eine gleichberechtigte Beziehung für ein Kind nur zu einem gleichaltrigen Menschen möglich. Alles andere ist Mythos, Wunschdenken oder Zwecklüge. Weder programmatische Erklärungen noch guter Wille können gesellschaftliche Machtverhältnisse außer Kraft setzen. Solange Kinder über keinen wichtigen Lebensbereich selbst entscheiden dürfen, kann man nicht plötzlich davon ausgehen, daß sie pädosexuelle Beziehungen in freier Entscheidung gewollt haben.

Weil Sexualität nicht verboten werden darf, müssen auch die sexuellen Vorlieben und Bedürfnisse, die von den «Normalen» abgelehnt oder verachtet werden, toleriert werden, wenn sie von Erwachsenen in gleichberechtigten, einverständlichen Beziehungen ausgelebt werden. Aber aus einem Bedürfnis kann kein Recht abgeleitet werden. Auch muß nicht jedes Bedürfnis erfüllt werden, nur weil es vorhanden ist. Die Verknüpfung von Sexualität, Macht und Machtmißbrauch ist bei uns so verbreitet, daß sexuelle Bedürfnisse immer wieder daraufhin überprüft werden müssen.

Der Schutz von Mädchen und Jungen vor sexuellen Übergriffen hat absoluten Vorrang.

Sexueller Mißbrauch und Kindesmißhandlung

Appell an Ärztinnen und Ärzte

«Der sexuelle Mißbrauch stellt eine weitere Gewalt gegen das Kind dar, auch wenn die Ansichten darüber, wieweit es sich bei sexuellen Handlungen an Kindern, die vom Streicheln, Küssen, Betasten und Beißen zum vollendeten Geschlechtsverkehr, zur Schwängerung oder sogar zur Tötung führen können, um Gewalttaten handelt, weit auseinanderklaffen» (Trube-Becker, 1982).

Verbreitet ist die Ansicht, daß es sich bei sexuellem Mißbrauch von Kindern um ein Verbrechen ohne Opfer handelt, das gewaltlos und mit der passiven oder aktiven Beteiligung des Kindes vollzogen wird. Ein Verbrechen sei es nur deshalb, weil es unter Strafe stehe, nicht weil den Kindern Schaden zugefügt werde. In den Fällen, in denen physische Brutalitäten bekannt werden, darf von Opfern gesprochen werden. Auf jeden Fall dann, wenn die Kinder tot sind. Frau Trube-Becker kommt zu dem Schluß, daß die sexuelle Komponente bei Kindestötungen nur allzuleicht übersehen wird. Das gleiche trifft für Kindesmißhandlungen zu. In der Bundesrepublik und West-Berlin werden jährlich bis zu 1000 Kinder von ihren Eltern getötet. Viele Fälle bleiben unaufgeklärt, oft kommt es nicht zu einem Gerichtsverfahren.

Aus ihrer Praxis am Gerichtsmedizinischen Institut der Universität Düsseldorf beschreibt Frau Trube-Becker die Geschichten und Befunde von 30 Kindern, die mit sexueller Motivation getötet wurden; 24 Mädchen und sechs Jungen. Weiter schildert sie die Fälle von vier Mädchen, die an Mißhandlungen gestorben sind, in deren Verlauf sie sexuell mißbraucht wurden, von zwei Mädchen, deren Verletzungen an den Genitalien den Verdacht auf sexuellen Mißbrauch hervorriefen, sowie von sechs Mädchen und einem Jungen, die den sexuellen Mißbrauch und die Mißhandlung trotz Verletzungen überlebten.

Diese Zahlen sind erheblich für eine Studie über Kindesmißhandlung. In der Regel finden wir den sexuellen Mißbrauch nicht als eine Form der Mißhandlung ausgewiesen. Daher gibt es nicht viel statistisches Material zu diesem brisanten Zusammenhang. In der obengenannten Untersuchung liegen insgesamt 298 Kindergeschichten vor, die von Vernachlässigung über Mißhandlung bis zur Tötung reichen. Dieses weite Spektrum ermöglicht Einblicke in die Phantasie der Mißhandler/-innen und zeigt deutlich, wie fließend die Grenze zwischen Mißhandlung, Vernachlässigung und sexuellem Mißbrauch sein kann. Gerade ihre Verknüpfung dürfte aber das alltägliche Erscheinungsbild des sexuellen Mißbrauchs sein:

1. Die sexuelle Gefügigkeit des Mädchens oder sein Schweigen werden durch Gewaltanwendung erzwungen. Ein erwachsener Mann fällt durchaus nicht aus dem Rahmen, wenn er ein Kind prügelt, das seiner Familie angehört. Ihm steht eine ganze Auswahl psychischer und physischer Zwangsmittel zur Verfügung, die er gefahrlos für seine Interessen einsetzen kann. Auffallen wird sein Verhalten erst dann, wenn das Mädchen zu alt wird für körperliche Strafen oder wenn er sie so mißhandelt, daß sie ins Krankenhaus muß. Aber selbst wenn seine Gewalttätigkeit öffentlich oder sogar vor Gericht verhandelt wird, kann der Mann so gut wie sicher sein, daß es nur um Kindesmißhandlung gehen wird und der Mißbrauch unerwähnt bleibt. Entweder schweigt das Kind, oder das Gericht stellt sich taub.

2. Die körperliche Züchtigung kann sexuell getönt sein und zu direkten sexuellen Übergriffen führen. So erging es Sylvia. Der Vater, ein angesehener Berliner Bürger, der parteipolitisch und für den Kinderschutzbund aktiv war, tyrannisierte seine Kinder und Pflegekinder (er nahm nur Mädchen in Pflege) aufs schlimmste. Nach festen Ritualen und einem eigenen Familienstrafrecht, das er festlegte, wurden die Kinder mit genau abgezählten Schlägen gestraft. Er schlug immer auf das nackte Gesäß, das er vorher streichelte, und cremte anschließend ihre Striemen und Blutergüsse mit Salbe ein. Die Töchter mußten ihn abseifen, wenn er in der Badewanne saß, und sich in seiner Gegenwart nackt waschen, wobei er Arien pfiff und im Takt auf ihr Gesäß klatschte. Trotz Gegenwehr mußten sie sonntags morgens zu ihm ins Bett, wo er nackt oder spärlich bekleidet sich an sie drückte oder auf sie legte. Als diese Dinge nach Jahren durch Sylvia aufgedeckt wurden, als sie von zu Hause weglief, kam vor Gericht nur die Mißhandlung zur Sprache. Sylvia gab dennoch ihre Aussage über die sexuellen Zudringlichkeiten ihres Vaters zu Protokoll, woraufhin ihre Mutter und ein Psychiater ihr «pubertätsbedingte Phantasien» bescheinigten und sie für zwei Jahre in die Kinderpsychiatrie einwiesen. Trotz der nachgewiesenen Mißhandlungen hielten offenbar alle den Mann für glaubwürdig und solcher Taten nicht fähig.

3. Sexueller Mißbrauch kann das Zufügen von körperlichen Verletzungen sein. Elisabeth Trube-Becker beschreibt verschiedene Verletzungen als geradezu typisch für sexuelle Motivationen in der Miß-

handlung, z. B. das Schlagen, Beißen, Treten auf die Genitalien oder die Innenseite der Oberschenkel, alle Bisse in erogene Zonen und alle Verletzungen, die nur mit gespreizten Beinen möglich werden. Allein das weibliche Geschlecht eines Kindes – wie klein auch immer – scheint manchem Mann Anlaß zu Aggressionen und Experimenten zu sein: Wenige Monate alte Mädchen wurden penetriert oder kaputtgemacht wie Puppen.

Wie wenig selbst massive körperliche Verletzungen vor Gericht bedeuten, zeigt ein Beispiel: Ein dreijähriges Mädchen wurde übersät mit Striemen und einer Kopfwunde bewußtlos ins Krankenhaus eingeliefert. Die Striemen befanden sich vor allem auf den Innenseiten der Oberschenkel, die Genitalorgane waren verletzt und bluteten, und die Haut zeigte zahlreiche Bißringe und Hämatome. Im folgenden Strafverfahren werteten Sachverständige die Spuren eindeutig als Folge sexuellen Mißbrauchs. Trotzdem glaubte das Gericht dem Angeklagten, der behauptete, die Tochter habe sich die Verletzungen selbst zugefügt. Sie habe immer an den Genitalien gespielt, und der fünfjährige Bruder habe sie geschlagen. Die Autorin bemerkt hierzu, daß es aus ärztlicher Sicht völlig ausgeschlossen ist, daß ein kleines Kind sich derartige Wunden beibringt. Üblich bei Kindern ist das spielerische Betasten und Erkunden der Geschlechtsteile. Bei schmerzhaften Verletzungen müsse es sich um die Manipulationen eines Erwachsenen gehandelt haben. Trotzdem wurde der sexuelle Mißbrauch nicht verhandelt (Trube-Becker, 1982).

Die völlige Abhängigkeit des Kleinkindes ruft nicht immer das erwartete Beschützerverhalten hervor, sondern wird zum Anlaß für das Ausleben sexueller Machtgelüste genommen. Die Verfügbarkeit des Körpers eines Säuglings muß für manchen Mann ein Reiz sein. Dabei wird dieser kleine Körper offenbar nur als Manifestation von Weiblichkeit gesehen, nicht als eigenständiges Lebewesen.

Was Ärztinnen und Ärzte tun können

Da der sexuelle Mißbrauch eine Form der Kindesmißhandlung ist, gilt für ihn eine wichtige Erkenntnis der Kinderschutzforschung: Einmal mißhandelte Kinder werden immer wieder mißhandelt, wenn sich in ihrem sozialen Umfeld nichts ändert. Wir sagen: einmal mißbrauchte Mädchen werden immer wieder mißbraucht. Ist die Hemmschwelle erst einmal überschritten, hält nichts den Mann zurück. Eine zusätzliche Unterstützung dieser Annahme finden wir in den Erfahrungen der Frauenhausarbeit. Bewohnerinnen und Mitarbeiterinnen stellen fest, daß ein Mann, der einmal angefangen hat zu schlagen, immer wieder schlägt. Außerdem zeigt der Forschungsbericht des 1. Berliner Frauenhauses «Hilfen für mißhandelte Frauen, 1981», daß erwachsene Frauen, die mißhandelt wurden, zu 50 % angaben, auch sexuell genötigt und vergewaltigt worden zu sein. Diese Erfahrungen bestätigen, wie wichtig ein wirksamer und lückenloser Schutz der Mädchen durch das Strafrecht ist.

Die Ausführungen über Gewalt richten wir besonders an Ärztinnen und Ärzte. Ähnlich wie es zur Kindesmißhandlung eine intensive Forschung und Zusammenarbeit von Ärzten und anderen sozialen Berufen gegeben hat, um für Kinderschutz Öffentlichkeit und Aufmerksamkeit zu erreichen, so ist es dringend notwendig, daß engagierte Ärztinnen und Ärzte zum Schutze der Mädchen vor sexuellen Übergriffen beitragen.

Die Hausärztin und der Hausarzt genießen oft das besondere Vertrauen von Kindern und von Müttern. Es ist allgemein bekannt, daß Ärzte unter Schweigepflicht stehen, was oft so gedeutet wird, daß man ihnen viel anvertrauen kann, weil sie es nicht weitergeben dürfen. Diese Schweigepflicht soll aber nur verhindern, daß sie nicht unbefugt Untersuchungsergebnisse ausplaudern. Es steht durchaus in ihrer Entscheidungsfreiheit, einzugreifen, wenn sie annehmen, daß einem Kind Schaden zugefügt wird. Wir denken, sie sind verpflichtet, das Ihre dazu beizutragen, um sexuellen Mißbrauch zu beenden. Eine Zusammenarbeit mit den Einrichtungen des Kinderschutzes und vor allem mit den Mitarbeiterinnen der Mädchenzentren ist wünschenswert. Voraussetzung dafür, den psychischen und physischen Zustand von mißbrauchten Mädchen erkennen zu können, ist allerdings ein vermehrtes Wissen um den sexuellen Mißbrauch, seine Häufigkeit, seine Verheimlichung und seine typischen Folgen. Frau Trube-Bekker hat einen Katalog typischer Verletzungsformen erstellt. Wir fordern Ärztinnen und Ärzte auf, an einem solchen Katalog weiterzuarbeiten und darüber hinaus Wege der Vorbeugung und Verhinderung zu überlegen. Verletzungen, die sexuelle Hintergründe haben könnten, sollten für den Fall einer Gerichtsverhandlung genau attestiert werden. Oft sind die verletzten Kinder so klein, daß sie sich nicht äußern können, oder sie sind eingeschüchtert und brauchen Unterstützung. Wegen der grundsätzlichen Wiederholungsgefahr sollten alle Ärztinnen und Ärzte einen Verdacht aussprechen und für den Schutz des Kindes eintreten. Öffentlichkeit ist ein Anfang, dann ist die Verheimlichung einmal durchbrochen.

Strafanzeige –
eine Möglichkeit zur Selbstbehauptung

Lohnt sich der Gang durch die Männerjustiz?

Ob es ratsam ist, eine Strafanzeige zu erstatten und somit den Mißbraucher rechtlich zur Verantwortung zu ziehen, kann nur in jedem
Einzelfall entschieden werden. Hierfür sind die psychische Verfas-
sung, die Familienkonstellation, eine eventuelle Unterstützung des
Mädchens, ihr Schutz und vieles andere maßgeblich. Grundsätzlich
befürworten wir, daß die Polizei von dem Geschehen erfährt und einschreitet, wenn Mädchen sexueller Gewalt ausgesetzt sind. Oft ist
dies der einzig wirksame Schutz, denn selbst wenn ihr Verhalten aufgedeckt wurde, finden Männer immer Wege, die Übergriffe fortzuset-
zen, wenn nicht der Druck eines laufenden Ermittlungsverfahrens besteht. Vor allem, wenn die Tochter sich dem Zusammenleben in der
Familie nicht entziehen kann. Sexueller Mißbrauch und Vergewaltigung geschehen gerade deshalb so häufig, weil sie sogenannte «perfekte», d. h. risikolose Verbrechen sind. Solange Männer sicher sein
können, daß das Mädchen und die Menschen in ihrer Umgebung die
Tat verschweigen, brauchen sie keine Sanktionen zu befürchten.
Hierdurch sind die Barrieren, sich an Mädchen der eigenen Familie zu
vergreifen, sehr niedrig.

Vor allem für das Selbstwertgefühl des Mädchens ist die Erfahrung
von großer Bedeutung, daß sie die Verletzung und Demütigung nicht
stillschweigend hingenommen, sondern durch ihre Anzeige dazu beigetragen hat, den Mann zur Verantwortung zu ziehen. Für die eigenen Rechte eintreten, sich aktiv zur Wehr setzen, nicht länger die
Interessen der Familie, der Mutter, des Vaters an erste Stelle setzen –
all das wirkt sich auf ihr Selbstverständnis und ihre Fähigkeit zur
Selbstbehauptung in künftigen Beziehungen aus. Das haben Mädchen und Frauen uns immer wieder erzählt.

Ein Strafverfahren bedeutet wiederholte Vernehmungen und detail-
lierte Konfrontation mit der Erinnerung und den alten Schmerzen. In
der Verhandlung muß das Mädchen Rede und Antwort stehen, sogar
dem Angeklagten selber, wenn sie älter als 16 Jahre ist. Sie muß ihr
Verhalten ebenso rechtfertigen wie ihr Nichtverhalten, ihre Ängste,
ihr Schweigen. Welche Vorwürfe sie sich selber macht, darauf nimmt

niemand Rücksicht. Oft genug wird ihr von der Familie die Rolle des Sündenbocks zugeschoben. Sie muß mit dem Vorwurf leben, daß sie die Familie, zumindest die «Harmonie» des Familienlebens zerstört hat. Manchmal stellen sich alle gegen sie. Zum Druck der Familie kommt gegebenenfalls die Einweisung in ein Heim und vielleicht eine Umschulung, die Isolation am neuen Wohnort unter fremden Menschen und die Unsicherheit, wie alles weitergehen soll. Die Belastung ist oft so groß, daß Mädchen resignieren und in der Hauptverhandlung die Aussage verweigern, in der Hoffnung, dadurch den «Familienfrieden» wiederherzustellen. Dieser Rückzug bedeutet nicht nur, daß sie aufgibt, anstatt zu kämpfen. Sie macht sich durch ihr Verhalten in den Augen aller Beteiligten unglaubwürdig und wird zukünftig große Probleme haben, Hilfe zu finden. Der Mißbrauch kann ungehindert fortgesetzt werden.

Aber auch wenn der Prozeß positiv für sie verläuft, kann das Mädchen die Belastung durch das Verfahren und die hochkommenden Erinnerungen nicht einfach abschütteln. Um alles zu bewältigen und dennoch Abstand zur Tat gewinnen und ihre Lebensfreude wiedererlangen zu können, ist eine wichtige Voraussetzung, daß sie eine Vertrauensperson hat (sei es die Mutter, eine Freundin, Lehrerin oder die Mitarbeiterin einer Notrufzentrale), die sie rückhaltlos unterstützt, sie während des Verfahrens begleitet und auch danach Hilfestellung bei der Verarbeitung gibt.

In den letzten 10 Jahren haben Gruppen der autonomen Frauenbewegung die Männergewalt gegen Frauen zu einem öffentlichen Thema gemacht. Insbesondere die Notrufzentralen gegen Vergewaltigung haben das Verhalten der Polizeibeamten und der schwarzberobten Dreieinigkeit von Gericht, Staatsanwaltschaft und Verteidigung im Verfahren kritisiert: ihre bedrängenden Fragen, die mit lüsternem oder belustigtem Blick verlangten Einblicke in die Intimsphäre und in das sexuelle Vorleben der Zeuginnen, ihre schulmeisterlichen Belehrungen, wie sich das Mädchen hätte anders verhalten müssen, der ständig mitschwingende Unterton: Sie ist doch selber schuld.

Im Zuge dieser Diskussion haben immer mehr Frauen auf den Zuschauerbänken der Gerichtssäle Öffentlichkeit hergestellt. Mann war nicht mehr unter sich. In Frauenzeitschriften wurde über diese Prozesse berichtet. Seit 8 Jahren vertreten feministische Rechtsanwältinnen immer häufiger vergewaltigte Frauen und sexuell mißbrauchte Mädchen. Zwar können auch sie nicht immer verhindern, daß die Demütigung der sexuellen Gewalttat im Prozeß wiederholt wird, sie tragen aber dazu bei, das Recht auf sexuelle Selbstbestimmung und auf körperliche Unversehrtheit in den Mittelpunkt des Prozesses zu stellen und generell Männern die Verfügung über den weiblichen Körper abzusprechen. Durch diese Tätigkeit hat sich die Atmosphäre der Gerichtsverhandlung spürbar geändert. Die Position der Zeugin ist wesentlich stärker geworden.

Das Mädchen muß verstehen, daß viele der Angriffe und Vorwürfe, die im Verlauf der Verhandlung gegen sie gerichtet werden, eigentlich gar nicht persönlich gemeint sind. Dies zu vermitteln ist eine Aufgabe der Anwältin. Sie weiß aus Erfahrung, daß es bei der Befragung der Zeugin nicht um ihr konkretes individuelles Verhalten geht. Denn egal welche Persönlichkeit sie hat, welcher sozialen Schicht sie entstammt, wie alt sie ist oder wie sie sich verhalten hat – hat sie geschwiegen oder geschrien, war sie schlecht in der Schule oder Klassenbeste, hat sie den Vater geliebt oder konnte sie ihn nicht leiden –, die Verteidigung wird ihr in jedem Fall einen Vorwurf daraus machen. Um die eigene Haut zu retten, sehen der Angeklagte und sein Verteidiger in der Regel nur ein wirksames Verteidigungsmittel: die Diffamierung der Zeugin um jeden Preis.

Eine Rechtsanwältin kann, wenn das durch das Mädchen und ihre gesetzlichen Vertreter/-innen nicht bereits erledigt wurde, innerhalb von drei Monaten nach der Tat einen Strafantrag stellen und daraufhin die Zulassung als Nebenklägerin beantragen. Ist das Mädchen nämlich nicht Nebenklägerin und lediglich Zeugin, hat sie im wesentlichen nur Pflichten und keine Rechte: Sie muß den Vorladungen der Justiz folgen und ihre Aussage machen. Als Nebenklägerin hat sie genau wie der Angeklagte das Recht, durch ihre Anwältin die Prozeßakten und die Aussagen sämtlicher Zeugen einzusehen und im Hinblick hierauf eigene Beweisanträge zu stellen. Im Prozeß kann sie aktiv werden, kann Fragen und Anträge stellen, unsachliche Fragen als unzulässig zurückweisen und insbesondere alles ansprechen, was für das Mädchen und die Beleuchtung ihrer Situation wichtig ist. So kommen auch die einschneidenden Folgen der Gewalttat für ihre Lebenssituation und ihre Persönlichkeit zur Sprache und werden dadurch überhaupt erst zum Thema, denn danach fragen Staatsanwälte und Richter typischerweise nicht.

Hilfreich für das Mädchen ist auch die direkte Hilfestellung, die ihr eine Rechtsanwältin geben kann. Sie ist Gesprächspartnerin, der Verhandlungstermin wird gemeinsam vorbereitet. Allein die Anwesenheit einer Vertrauensperson im Gerichtssaal vermittelt Sicherheit und Stärke und hilft ihr, trotz Aufregung und Angst die Fragen zu beantworten und sich souveräner zu verhalten. Auch während der Verhandlung kann sie sich mit der Anwältin beraten.

Am besten ist es, die Strafanzeige direkt bei der Kriminalpolizei zu erstatten, denn das erspart eine doppelte Befragung. Der Termin für die Vernehmung des Mädchens kann telefonisch vereinbart werden. In der Regel sind es Beamtinnen, denen das Mädchen dann erzählt, was geschehen ist. Sollte das einmal nicht der Fall sein, so kann darauf bestanden werden, die Aussage nur vor einer Frau zu machen. Im allgemeinen fällt es Mädchen leichter, über die sexuelle Gewalterfahrung mit einer Frau zu sprechen, und diese sind auch grundsätzlich einfühlsamer.

Die gesetzlichen Vertreter/-innen sollten auch dann einen Strafantrag stellen, wenn dies von der Polizei nicht vorgeschlagen wird, denn nur in diesem Fall kann eine Rechtsanwältin mit der Nebenklage beauftragt werden. Das sollte so schnell wie möglich geschehen, damit der Gang des Verfahrens besprochen wird und Zeugen ausfindig gemacht werden. Auch kann sie zur Beschleunigung des Verfahrens beitragen. Bei jeder Art von Verletzungen und Beeinträchtigungen sollte baldmöglichst eine Ärztin/ein Arzt oder eine Psychologin/ein Psychologe aufgesucht und ein ausführliches Attest erstellt werden.

Angela erzählt, wie sie die Gerichtsverhandlung erlebt hat: «Ich hatte das Gericht bisher nur im Fernsehen mitgekriegt, als Kreuzverhör, und das war mein Horror. Ich dachte, das ist bei jedem Gericht so. Deswegen war ich beim ersten Termin gar nicht in der Lage, überhaupt was zu sagen. Beim zweitenmal haben wir in der Wohngemeinschaft ein Rollenspiel gespielt, und ich war als Zeugin vorgeladen. Es wurde zwar etwas ins Lächerliche gezogen, aber dadurch habe ich gesehen, wie das abläuft. Als der zweite Termin da war, bin ich mit einem wahnsinnigen Druck hingegangen. Aber ich habe mir gesagt, entweder packst du es heute oder gar nicht mehr. Ich bin reingekommen und habe auf den Rat meiner Anwältin gar nicht erst zu ihm (dem Angeklagten) hin, sondern zum Gericht geguckt. Wenn ich ihm an diesem Tag voll in die Augen gesehen hätte, ich wäre wieder nicht in der Lage gewesen. Auch beim erstenmal hatte es teilweise mit seinem Blick zu tun. Ich hatte ihm voll ins Gesicht gesehen, und ich weiß nicht, was seine Augen bei mir bewirken. Da kamen wieder die Schuldgefühle hoch. Du kannst doch jetzt nicht dazu beitragen, daß er wieder in den Knast muß. Dann konnte ich gar nichts mehr sagen, noch nicht mal meinen Namen. Bis zum nächsten Termin war wieder so eine Zeitspanne. In dieser Zeit hatte ich Träume und bin immer aufgeschreckt, da kamen Erinnerungen hoch. Ich bin den anderen ganz schön damit auf die Nerven gegangen. Wenn ich einen ähnlichen Typen gesehen habe, dachte ich: Das ist er. Da kam ich flatternd nach Hause und sagte: ‹Ich habe ihn gesehen, der lauert mir ganz bestimmt wieder auf.› Da haben die anderen gesagt: ‹Beruhige dich erst mal, wir quatschen darüber.›

Im Prozeß hab ich mir gesagt, ich·muß das einfach schaffen, und wenn ich zusammenbreche. Konzentriere dich erst mal auf deine Personalien. Wenn du die raus hast und deine Stimme selber gehört hast, vielleicht geht es dann weiter, denn beim erstenmal konnte ich noch nicht mal das. Ich habe aber richtig gespürt, es will raus. Ich habe mir gesagt: Weiter, Angela, bitte mach weiter, du schaffst es wirklich. Während des Prozesses habe ich mich irre geschämt, das alles zu beschreiben. Wenn es um die Fraulichkeit geht und da ich sowieso Komplexe habe, da fiel es mir furchtbar schwer, über all das zu reden und die Fragen so zu beantworten, wie sie es haben wollten. Hinterher hatte ich eine ungeheure Erleichterung gespürt.»

Um die Situation vor Gericht für Mädchen erträglicher zu machen und ihnen mehr Schutz und mehr Recht zu sichern, können einige Verbesserungen in den Verfahrensabläufen und einige Änderungen der gesetzlichen Bestimmungen beitragen. Zunächst sollten die bestehenden rechtlichen Möglichkeiten ausgeschöpft werden. Vom Haftgrund der Wiederholungsgefahr z. B., der extra im Hinblick auf Sexualdelikte geschaffen wurde, wird bisher kaum Gebrauch gemacht, ebenso vom Haftgrund der Verdunkelungsgefahr, obwohl beide sehr oft auf die Situation des sexuellen Mißbrauchs in der Familie zutreffen. Nicht der Mann wird verhaftet, sondern das Mädchen wird aus der Familie genommen und in ein Heim eingewiesen. Besser wäre es, das Mädchen bis zu einer endgültigen Entscheidung des Vormundschaftsgerichtes bei einer Person ihres Vertrauens unterzubringen, sie nicht von Heim zu Heim zu weisen und sie vor Druck durch die Familie zu schützen.

Zu diesem Schutz trägt auch eine Änderung der Strafprozeßordnung bei, die schon seit 1980 von den Notrufinitiativen gefordert wird und der sich inzwischen die Hamburger Leitstelle für die Gleichberechtigung der Frau angeschlossen hat, nämlich die Dauer der Verfahren abzukürzen, die Vernehmungen von Mädchen unter 18 Jahren zu vereinfachen. Es genügt eine einmalige Vernehmung des Mädchens innerhalb der ersten Wochen nach der Anzeige, durchgeführt von einem Richter/einer Richterin im Beisein der Staatsanwaltschaft und des Wahl- oder Pflichtverteidigers des Angeklagten. Das Fragerecht ist allein vom Gericht auszuüben. Diese Aussage kann im Prozeß verlesen und dem Mädchen die nochmalige Schilderung ihrer Erlebnisse – wie bisher meistens in zwei Instanzen – erspart werden.

Wichtig ist nach unseren Erfahrungen und nach dem Beispiel Frankreichs die Einführung der Nebenklageberechtigung für sämtliche Delikte gegen die sexuelle Selbstbestimmung und die staatliche Finanzierung für die anwaltliche Vertretung der Frauen und Mädchen. Wir plädieren auch für eine Erweiterung der Nebenklagemöglichkeiten auf Frauenprojekte wie Frauenhäuser, Notrufe, Mädchenzentren, da es sich hier um kein rein individuelles Problem handelt. Es sollen auch gesetzliche Richtlinien geschaffen werden, die die Frau und das Mädchen während der Verhandlung gegen Fragen nach ihrem sexuellen Vorleben schützen.

In Bewegung

Selbsthilfegruppen. – Initiativen – Forderungen

Zur Zeit wird wieder viel über Familie und ihre traditionellen Qualitäten gesprochen. Sie sei ein ausgleichender Gegensatz zur stressgeladenen, aggressiven, entfremdeten Berufswelt. In einer Umwelt, die nicht viel Freundliches zu bieten habe, könne der Mensch im Kreise seiner Familie Ruhe und Erfüllung in nichtentfremdeten Beziehungen finden. «Ruhe», das gilt für Männer, «Erfüllung» soll eher die Frau ansprechen.

Es ist nicht zufällig, daß die Familie als Rahmen für einen Lebenslauf wieder beschworen wird. Die seit geraumer Zeit andauernde «Krise», die Arbeitslosigkeit, die Einsparungen im sozialen Bereich verursachen psychische und wirtschaftliche Belastungen, die kaum erträglich sind. Ihnen müssen eine positive Perspektive und positive Werte entgegengehalten werden.

Aber nicht nur die Qualität der zwischenmenschlichen Beziehungen wird bedeutungsvoll, auch als Versorgungsinstanz und wirtschaftliche Einheit gewinnt die Blutsverwandtschaft an Wichtigkeit. Frauen, die ihren Arbeitsplatz verlieren, sind kein Kostenfaktor für den Staat, wenn sie vom Ehemann ernährt werden und als Hausfrau aus den Statistiken verschwinden. Jugendliche, die keine Lehrstelle finden, bleiben in der elterlichen Wohnung. Für das Bundessozialhilfegesetz wird die Unterhaltspflicht von Verwandten zweiten Grades erwogen. Das heißt: sehr gemütlich ist es nicht, das Familienleben unter diesen Bedingungen. Eine erzwungene Gemeinschaft kann keine Idylle sein. Alle Enttäuschungen, Belastungen, unerfüllten Träume und Wünsche kommen in Enge und Unausweichlichkeit zusammen. In diesem gespannten Klima wuchert Gewalt wie im Treibhaus. Frauen und Kinder – in ihrer verstärkten Abhängigkeit dem Mann um so mehr ausgeliefert – spüren diese Entwicklung am eigenen Leibe.

Einsparungen und Stellenstreichungen treffen eine Reihe von Einrichtungen, die Alternativen zum Familienleben bieten. Immer noch unliebsam sind diese Projekte, sie werden mißtrauisch begutachtet, nur zögernd oder gar nicht gefördert, für überflüssig erklärt.

Als ob die Familie durch die wirtschaftliche und politische Entwicklung wieder zur einzig gültigen Form des Zusammenlebens gemacht werden könnte, als ob es sich nicht in Erfahrungen bewiesen hätte, daß ein frei gewähltes Zusammenleben in Wohngemeinschaften hilfreich und heilsam sein kann, daß die Trennung der Ehepartner oder der Kinder von den Eltern oft lebensnotwendig ist im Sinne eines würdevollen, unversehrten, selbstbestimmten Lebens. Statt dessen sollen Frauen auf Arbeitsplätze verzichten und Kinder gebären. Das ungeborene Leben steht im Mittelpunkt der Familienpolitik; wie der Schutz der einmal geborenen Mädchen gewährleistet werden kann, bleibt offen. Auch Vorschläge, die eine Parallele in jüngster, dunkler Vergangenheit haben, können wieder laut geäußert werden: im öffentlichen Dienst nur noch einen von zwei Ehepartnern zu beschäftigen. Der Spielraum für selbstbestimmte Lebensplanung wird vor allem für die Frauen eingeschränkt.

Die angebotenen staatlichen Alternativen zum Familienleben sind ungenügend. In Familien wie in Heimen verkrüppeln viel Lebensmut, Phantasie und Liebesfähigkeit. Vor allem die Töchter sind es, die in der bedrückenden Atmosphäre zwischen Küche und Schlafzimmer erstarren, verkümmern, geduckt werden. Wenn die Ausbildungssituation für Mädchen schlecht ist, verbringen viele wider Willen längere Jahre als geplant im Elternhaus. Auch kleinere Mädchen bleiben mehr zu Hause, wenn Kindergartenplätze fehlen oder zu teuer werden. Ganz zu schweigen von den vielen türkischen Mädchen, die immer zu Hause bleiben müssen. Alternativen für Mädchen gibt es wenige, und die, die es gibt, sind oft in der Weiterführung ihrer Arbeit nicht abgesichert, weil die Finanzierung der Räume und Pädagoginnen von Jahr zu Jahr in Frage steht. Wir brauchen viel mehr Möglichkeiten für Mädchen, frei von Zwängen und geschützt vor Übergriffen zu leben, mit anderen Mädchen zusammen zu wohnen und zu lernen. Aber zur Zeit beschäftigt uns der Kampf um das einmal Erreichte. Neue Pläne sind fast utopisch. Doch trotz der Familienideologie ist es in der letzten Zeit gelungen, die Diskussion über den sexuellen Mißbrauch in der Familie öffentlich zu machen. Vielerorts bewegt sich etwas.

Öffentlichkeitsarbeit und Selbsthilfe

Auf der «Bremer Frauenwoche» 1982 fand eine Diskussion über das Thema sexueller Mißbrauch von Mädchen statt, veranstaltet von den Mitarbeiterinnen des Notrufs für vergewaltigte Frauen, die in ihrer Arbeit wiederholt mit diesem Problem konfrontiert worden waren.

In Berlin gründeten zwei betroffene Frauen – Anna und Heike – im Herbst 1982 die erste Selbsthilfegruppe. Anna stellt sie vor: «Ich habe einige Zeit in den USA gelebt und gearbeitet. Dort gibt es ein enges Netz der psychischen Versorgung, es gibt Beratungs- und Therapieangebote, die auf die Vielfalt von vorstellbaren oder auch nicht vorstellbaren Schwierigkeiten eingehen. Ein Schwerpunkt liegt bei Frauen, die Opfer sexuellen Mißbrauchs in ihrer Pubertät und/oder Kindheit geworden sind. Träger der Angebote sind unterschiedlich, staatliche Einrichtungen, freie Projekte, private Praxen, Frauenzentren. Sexueller Mißbrauch ist ein Thema zum Hingucken, Nachfragen, Hinhören, Drüberreden. Diese Atmosphäre half mir dabei, meine Gefühle wahrzunehmen und Zugang zu meiner Geschichte zu finden.

Der Gedanke daran, daß ich das in Berlin nach meiner Rückkehr nicht haben sollte, machte mir angst. Ich wollte auf das Gefühl nicht verzichten, eine normale Frau, wohl mit bestimmten Problemen, aber doch keine Aussätzige, zu sein. Ich wollte, daß andere Frauen auch so eine Chance haben. In Berlin war ich dann ziemlich enttäuscht, wieder auf eine watteweiche Mauer von Unverständnis, Schweigen, Sprachlosigkeit zu stoßen. Letztlich blieb also nur, Frauen zu suchen, die so sind wie ich, denn die würden mich verstehen.

Also machte ich Aushänge in Frauenbuchläden; vor einer Anzeige in der Zeitung hatte ich Angst. Und Heike meldete sich im Herbst '82. Sie kam gerade aus England, wo es bereits Selbsthilfegruppen gibt. Sie hatte die gleiche Idee, und wir stürzten uns – endlich aus der Vereinzelung erlöst – auf unser Vorhaben. Seit Januar '83 geht es ständig aufwärts. Wir haben Leserbriefe veröffentlicht, Artikel geschrieben. Mittlerweile sind wir acht betroffene Frauen in einer Gruppe, drei weitere sind entstanden, und wir haben eigene Räume angemietet und uns einen Namen gegeben: «Wildwasser». In der Selbsthilfegruppe reden wir über unser Leben heute, versuchen, ein Muster davon zu entwickeln, wie uns die Geschichte des sexuellen Mißbrauchs beeinflußt hat und was wir dagegen tun können. Oft reicht schon die Erleichterung, einfach nicht allein damit dazustehen. Es dauert lange, gerade für uns, Vertrauen zu entwickeln, ich glaube kaum, daß wir die Durststrecke hinter uns haben. Wir haben noch viel Arbeit zu tun.»

Im April 1983 luden die Selbsthilfegruppen und wir zu einer öffentlichen Diskussion in Berlin ein. Das Interesse war groß. Wir hatten vor allem Frauen aus der Mädchenarbeit, Sozialarbeit, Drogentherapie, Psychotherapie angesprochen. Die Frauen der Selbsthilfegruppen brachten ihre Erfahrungen ein. Es zeigte sich, daß viele Frauen gekommen waren, die selbst als Kind mißbraucht wurden. «Immer wieder gab es an diesem Abend den Augenblick, wo eine ansetzte zum Reden, und es wurde ganz still im Raum. Und dann schwieg sie wieder, würgte es hervor unter Tränen, stockend zwar, aber es mußte ans Licht, mußte in aller Öffentlichkeit ausgesprochen werden, das lang Verschwiegene, lang Vergessene. Dieses schmerzliche Aussprechen, es machte die Runde an diesem Abend. Und in der Stille mußte jede mit ihrer eigenen Erinnerung kämpfen, denn 80 % aller Frauen sind betroffen. Oft ist das Nicht-hinhören-Wollen, auch in der Frauenbewegung, die Angst der Frauen, ‹sich selbst anzusehen und eine Menge Fragen an sich selbst zu stellen›, wie es die Mutter eines mißbrauchten Mädchens ausdrückte» (*Courage* 7/1983).

Auf der Veranstaltung bestätigte sich eine Erfahrung: viele Frauen unseres Bekannten- und Freundinnenkreises waren von sexuellem Mißbrauch in der Kindheit betroffen, und wir wußten nie davon. Es kam nicht zur Sprache, auch wenn wir uns gut und lange kannten, auch wenn wir die Diskussion über Männergewalt miteinander in Frauengruppen und -projekten geführt hatten. Das Beispiel der Selbsthilfegruppen und die Betroffenheit der Zuhörerinnen hat Mut und Motivation gegeben, zu sprechen. Auf der Sommeruniversität 1983 wurde diese Veranstaltung unter reger Teilnahme von Frauen aus dem gesamten Bundesgebiet fortgesetzt und führte zur Gründung von Selbsthilfegruppen in anderen Städten.

Diese Gruppen sind eine erprobte Möglichkeit, die eigene Vergangenheit zu bearbeiten. Hier kann eine Frau die Fremdheit überwinden, sie liefert sich nicht Spekulationen und Skepsis aus. Anna beschreibt, was die Gruppe für sie bedeutet: «Es gibt nicht nur die Möglichkeit, Vertrauen aufzubauen, sondern du kannst auch beschließen: zu denen habe ich jetzt Vertrauen. Ich selber habe manchmal Schwierigkeiten mit den verschiedenen Lebensgeschichten in der Gruppe. Weil ich mich eigentlich gegen meine Geschichte wehre und sie nicht akzeptieren will. Und wenn ich höre, wir furchtbar es anderen Frauen ergangen ist, daß ich dann denke: mit welchem Recht machst du eigentlich einen Aufstand? Und mir meine Verletzungen nicht zugestehe. Das fällt mir manchmal schwer.»

Doch nicht nur die betroffenen Frauen sind aktiv geworden. In Berlin haben Mitarbeiterinnen und Mitarbeiter von Jugendämtern eine Arbeitsgruppe gebildet, um sich über die Hintergründe des Mißbrauchs in der Familie sachkundig zu machen und ein Vorgehen zu entwickeln, das die Mädchen in der Beratung besser schützt, ihnen das Reden erleichtert und bei begründeten Verdachtsmomenten erlaubt, das Thema frühzeitig vorsichtig anzusprechen. Seither sind ihnen mehr und mehr Fälle von sexuellem Mißbrauch aufgefallen, die sie früher nicht erkannt hatten.

In Berlin gibt es inzwischen zwei Arbeitsgruppen von Frauen, die beruflich mit Mädchen arbeiten: Eine erarbeitet unter dem Stichwort «Erste Hilfe», wie Frauen, die mit sexuellem Mißbrauch konfrontiert werden, sich verhalten und dem Mädchen eine angemessene Unterstützung geben können. Eine zweite hat sich die körperlichen Folgen des Mißbrauchs zum Thema gesetzt und entwickelt Wege der Erkennung von geschlechtsspezifischen Verspannungen, Haltungsschäden im Zusammenhang mit Gewalterfahrungen in der Kindheit.

Forderungen

Für sexuell mißbrauchte Mädchen und Frauen gilt ebenso wie für vergewaltigte und mißhandelte Frauen: Sie müssen die Möglichkeit haben, fachkundige Hilfe in Anspruch zu nehmen. Diese Hilfe muß parteilich sein, darf keine Zweifel oder Beschuldigungen beinhalten. Dahin muß die Gesellschaft ihre Verantwortung für das Leben der Mädchen wahrnehmen. Gesellschaftliche Verantwortung bedeutet: Förderung und Finanzierung von Wohn- und Lebensmöglichkeiten für Mädchen, die ihre Familie verlassen wollen oder müssen. Nicht staatlich gelenkte Heime, sondern selbstverwaltete Mädchenwohngemeinschaften oder andere Formen des Zusammenlebens, sei es ausschließlich unter Frauen oder mit Männern, auf Jugendliche beschränkt oder generationsübergreifend – solange sie von Mädchen selbst entwickelt und gewünscht werden und von ihnen veränderbar bleiben. Die Betreuung von Mädchenwohngruppen oder Therapiegruppen sollte auf jeden Fall von Frauen übernommen werden. Es ist notwendig, daß in jeder Stadt Mädchenselbsthilfegruppen und andere Einrichtungen zur Unterstützung von Mädchen in Not eingerichtet werden. Auch im ländlichen Bereich, denn sexueller Mißbrauch ist kein spezifisches Problem der Großstadtfamilien. Wenn wir die Untersuchung von Leila Sebbar (1980) aus Frankreich heranziehen, dann sind es gerade auch die abgeschiedenen ländlichen Gegenden, in denen Väter ungestört ihr vermeintliches Recht auf Sexualität mit allen weiblichen Familienangehörigen ausüben. Es muß Anlaufstellen geben, wo Mädchen sich in einer vertraulichen Atmosphäre aussprechen und weitere Schritte klären können. Diese Stellen sollten mit Wohngemeinschaften zusammenarbeiten. Ergänzend sind Mädchenzentren wichtig, wo Gruppen arbeiten und die Mädchen Ausbildungs- und Arbeitsperspektiven planen und sich bei gemeinsamen Spaß- und Freizeitaktivitäten erholen und kennenlernen können.

Die Finanzierung der bisherigen und geplanten Frauenprojekte gegen Männcrgewalt muß durch die öffentliche Hand abgesichert werden. Mit der Finanzierung der Notrufe muß begonnen und ihre Autonomie sichergestellt werden. Dringend notwendig sind mädchenspezifische Psychotherapie- und Drogentherapieeinrichtungen mit Krankenkassenzulassung, wo Mädchen ihre Erfahrungen erarbeiten können, ohne erneut durch frauenfeindliche Interpretationen verunsichert zu werden. Die Kriterien dafür, wie psychische Schädigungen erkennbar sind, müssen überarbeitet werden. Hierzu ist erforderlich, daß Forschung von Frauen gefördert wird, die sich mit der Lebenssituation von Mädchen, dem Erleben sexueller Gewalt und Formen der Verdrängung und Verarbeitung auseinandersetzt.

Über die Arbeit der konkreten Projekte hinaus ist es wichtig, das Bild vom asozialen, fremden Vergewaltiger in der Öffentlichkeit und in der Aufklärungsliteratur zu korrigieren. Schulbücher müssen nach den neuesten Erkenntnissen über Vergewaltigung und Mißbrauch überarbeitet und eine Unterrichtseinheit zum sexuellen Mißbrauch in der Familie entwickelt werden. Daneben sind Bücher zu fördern, in denen Mädchen stark und erfolgreich und nicht als Opfer gezeigt werden.

Fortbildungsmöglichkeiten sollten für alle diejenigen eingerichtet werden, die für Mädchen verantwortlich sind: Eltern, Lehrer/-innen, Ärzte/Ärztinnen, Erzieher/-innen usw.

Fortbildung auch für die Polizei. Damit sich etwas am Verhalten der Ermittlungs- und Strafverfolgungsbehörden ändert, wird viel Arbeit notwendig sein. Guter Wille und Lebenserfahrung reichen nicht aus, um Mädchen in dieser Situation adäquat unterstützen zu können. Das gilt vor allem für die Spezialdezernate der Polizei, für Jugendstaatsanwälte/-anwältinnen und Richter/-innen der Jugendschutzkammer.

Als letztes fordern wir, daß künftig alle Statistiken, die zu Delikten gegen die sexuelle Selbstbestimmung geführt werden, Geschlecht und Alter der Opfer und Täter, Grad der Beziehung oder Bekanntschaft zwischen beiden, z. B. Verwandtschaft, Art der Zwangs- und Gewaltanwendung sowie Anzahl und Begründungen der Einstellung von Verfahren durch die Staatsanwaltschaft aufschlüsseln, damit die Problematik des sexuellen Mißbrauchs in Familie und Bekanntenkreis nicht länger im dunkeln bleibt.

Literatur

«Als Kind mißbraucht», Brigitte-Buch, München 1983
–, «Sexualität, Gewalt und die psychischen Folgen», BKA-Forschungsreihe Bd. 15, Wiesbaden 1983

ARMSTRONG, LOUISE , «Kiss Daddy Good-Night», NEW YORK 1978

BAURMANN, MICHAEL, «Kriminalpolizeiliche Beratung», BKA-Schriftenreihe, Wiesbaden 1978

BURGARD, ROSWITHA, «Die Harten und die Zarten», Weinheim 1982

BROWNMILLER, SUSAN, «Gegen unsern Willen», Frankfurt 1978

BUTLER, SANDRA, «Conspiracy of Silence», San Franzisco 1978

DORPAT, CHRISTEL, «Welche Frau wird so geliebt wie du?», Berlin 1982
Hilfen für mißhandelte Frauen, Schriftenreihe des BMJFG 1981

JUSTICE, BLAIRE UND RITA, «The broken Taboo», New York 1979

KAVEMANN, BARBARA / LOHSTÖTER, INGRID u. a., «Sexualität – Beschädigung statt Selbstbestimmung», Leverkusen 1984

MILLER, ALICE, «Am Anfang war Erziehung», Frankfurt 1980
–, «Du sollst nicht merken», Frankfurt 1981

MONIKOVÁ, LIBUŞE «Eine Schädigung», Berlin 1981

RUSH, FLORENCE, «Das bestgehütete Geheimnis», Berlin 1982

SEBBAR, LEILA, «Gewalt an kleinen Mädchen», Naumburg 1980

SHAPIRA, MIRIAM, «Sexual Abuse of Children», Auckland 1981

SNOWDON, RICH, «Working with Incest Offenders», in Aegis 35 / 1982

TRUBE-BECKER, ELISABETH, «Gewalt gegen das Kind», Heidelberg 1982

WEIS, KURT, «Die Vergewaltigung und ihre Opfer», Stuttgart 1982

Adressen

Frauen und Mädchen, die Beratung, Hilfe oder auch nur ein Gespräch suchen, können sich an verschiedene Einrichtungen wenden, denen der sexuelle Mißbrauch bekannt ist und die bei allen Problemen konkrete Unterstützung geben können.

Als erstes sind zu nennen die Notrufe für vergewaltigte Frauen und Mädchen, die es inzwischen in sehr vielen Städten gibt. Wo sie zu finden sind, erfahrt ihr in eurem Frauenzentrum, im Frauenbuchladen oder auch einfach über die Telefonauskunft. Ebenso könnt ihr euch an jedes Frauenhaus für mißhandelte Frauen und deren Kinder wenden. Die Telefonnummern könnt ihr über die Auskunft und über jede Polizeidienststelle erfahren.

Auch wenn ihr bisher zu einer solchen Einrichtung keinen Kontakt hattet, scheut euch nicht, euch mit Fragen und Problemen an sie zu wenden.

In der Bundesrepublik und West-Berlin gibt es inzwischen verschiedene Treffpunkte und Zentren, die speziell für Mädchen da sind. Hier könnt ihr andere Mädchen treffen und mit den Mitarbeiterinnen über eure Probleme reden.

Hilfe für sexuell mißbrauchte Mädchen

5100 Aachen
Notruf für vergewaltigte Frauen und Mädchen e. V.
Harscampstr. 5 b
0241/3 44 11
Mo, Mi 10–14 Uhr / Mi 17–20 Uhr / Do 14–18 Uhr

8750 Aschaffenburg
SEFRA e.V.
Karlstr. 21
06021/2 47 28
Mo–Fr 10–13 Uhr
Di, Do 14–17 Uhr

1000 Berlin
Wildwasser
Mehringdamm 50
030/7 86 50 17 – Mädchenberatung   030/7 86 50 19 – Frauenberatung
Mo–Fr 10–14 Uhr / Mo, Do 15–17 Uhr   Di + Fr 10–14 Uhr / Mi 16 Uhr

4800 Bielefeld
Notruf für vergewaltigte Frauen und Mädchen e. V.
Nordstr. 37
0521/124248
Mo/Do 18–22 Uhr

5300 Bonn 1
Frauen gegen Gewalt e. V.
Berliner Platz 31
0228/635524
Mo–Fr 9–14 Uhr/Mo 17.30–19.30 Uhr/Mi 17.30–21 Uhr

3300 Braunschweig
Frauenhaus – Beratungsstelle
Magnikirchstr. 4
0531/43302
Mo, Mi, Fr 9–12 Uhr/Di, Do 14–17 Uhr

2800 Bremen 1
Schattenriß e. V., AG gegen sexuellen Mißbrauch von Mädchen
Richard Wagner Str. 5
0421/393930

6100 Darmstadt
Wildwasser Darmstadt
Liebigstr. 8
06151/376814

4930 Detmold
«Alraune», Treff, Beratung u. Hilfe für Frauen und Kinder e. V.
Freiligrathstr. 24
05231/20177
offene Sprechzeiten: Di 16–19 Uhr/Do 10–12 Uhr

4600 Dortmund
Wildwasser Dortmund
Adlerstr. 81
0231/148877

4300 Essen
Notruf und Beratung für vergewaltigte Frauen und Mädchen
Waldhausenstr. 13
0201/235469
Mo 19–21 Uhr/Mi, Fr 18–20 Uhr

4300 Essen
Distel
Brasscrstr. 44
0201/776777

2390 Flensburg
Beratung und Hilfe für sex. mißbrauchte Mädchen, c/o Notruf
Postfach 1545
0461/29001

6000 Frankfurt 50
Verein für feministische Mädchenarbeit
Hinter den Ulmen 19
069/519171

6000 Frankfurt
IB Mädchentreff
Hufnagelstr. 14
069/738399

7800 Freiburg
Wildwasser, c/o Frauenzentrum
Schwarzwaldstr. 107
0761/33339
Di 19–20 Uhr, Mi 14–17 Uhr, Do 9–12 Uhr

7990 Friedrichshafen
Notruf für Frauen und Mädchen
Postfach 1472
07541/21800
Mo, Di, Do, Fr 9–12 Uhr/Mi 16–19 Uhr

4560 Gelsenkirchen
Notruf für Frauen und Mädchen
Wiehagen 83
0209/136166

6300 Gießen
«Kassandra», Frauen- und Mädchenberatung e. V.
Weserstr. 5
0641/34430

5800 Hagen
Frauenhausberatungsstelle
Bahnhofstr. 41
02331/15888
Mo/Mi 8^{30}–12^{30} Uhr, Do 13–17 Uhr

2000 Hamburg 50
«Dolle Deerns e. V.»
Juliusstr. 16
040/4394150
Beratung Mi 16–18 Uhr

2000 Hamburg
Mädchenhaus
040/6320 0265

4700 Hamm
Frauenberatung Hamm e. V.
Ostenwall 11
02381/13104
Di 17–19 Uhr
Mi, Fr 10–12 Uhr

3000 Hannover 1
Frauen helfen Frauen e. V.
Postfach 2005
0511/664477
Mo–Fr 10–14 Uhr

6900 Heidelberg
Frauen gegen Vergewaltigung e. V., c/o Frauenzentrum
Bergheimerstr. 97
06221/13643
Mo 20–22 Uhr/Do 18–20 Uhr

3200 Hildesheim
AK «sex. Gewalt gegen Kinder und Jugendliche» c/o Frauenhausinitiat.
Kaiserstr. 9

3500 Kassel
Notruf für vergewaltigte Frauen und Mädchen e. V.
0561/772244

3500 Kassel
«Schwarze Winkel» Gruppe gegen sex. Mißbrauch, c/o Frauenhaus
Postfach 101103
0561/898889
Di 16–19 Uhr

2300 Kiel
Notruf für vergewaltigte Frauen und Mädchen
Knooper Weg 32/Hof
0431/91144
täglich 19–22 Uhr

2300 Kiel
Mädchentreff
Rendsburger Landstr. 29
0431/685870

5000 Köln 1
Wildwasser Köln c/o KISS
Herwarthstr. 12
0221/527081

5000 Köln 1
«Zartbitter»
Zülpicherstr. 177
0221/447412

6700 Ludwigshafen
Berufsgruppe geg. sex. Mißbrauch von Kindern, c/o Kinderschutzbund
Hemshofstr. 69
0621/525211

6700 Ludwigshafen
Wildwasser
Schützenstr. 26
0621/565721

6800 Mannheim
Notruf e. V., c/o Fraueninformationszentrum
Eichendorffstr. 15a
0621/379700

3500 Marburg
Wildwasser
Robert-Koch-Str. 19
06421/63183
Mo, Di, Do, Fr 10–12 Uhr/Di 17–20 Uhr/Mi 14–18 Uhr

4330 Mühlheim/Ruhr
Notruf für vergewaltigte Frauen und Mädchen
Teinerstr. 16
0208/384273
Mo–Fr 9–13 Uhr/Di 15–19 Uhr/Do 13–17 Uhr

8000 München 2
Notruf und Beratung für vergewaltigte Frauen und Mädchen e. V.
Güllstr. 3
089/763737
Mo–Fr 10–18 Uhr (sonst Anrufbeantworter)

8000 München
Zufluchtstelle für Mädchen
089/183609

4400 Münster
«Zart und Bitter», Initiative zur Unterstützung mißbrauchter Mädchen
Rothenburg 35
0251/58419
Di 17–19 Uhr

8500 Nürnberg
Wildwasser Nürnberg e. V.
Roritzerstr. 22
0911/331330

2900 Oldenburg
Wildwasser
Cloppenburgerstr. 35

4500 Osnabrück
Frauenberatungsstelle
Kommenderiestr. 41
0541/29300
Mo, Fr 9–16 Uhr
Mi 16–19 Uhr

8400 Regensburg
Arbeitsgruppe gegen sex. Mißbrauch an Mädchen, c/o Frauenprojekte-
haus
Prüfeningerstr. 32
0941/24171

5630 Remscheid
Frauen helfen Frauen e. V., Notruf und Beratungsstelle
Heugasse 2
02191/662466
Di 20–22 Uhr

6090 Rüsselsheim
Mädchentreff
Weißenauerstr. 19
06142/68442
Di, Do, Fr 10–12 Uhr/Beratung Mi, Do, Fr 14–17 Uhr

6600 Saarbrücken
Notruf für vergewaltigte und mißhandelte Frauen und Mädchen
Dellengartenstr. 14
0681/36767
Mo–Fr 10–18 Uhr

3320 Salzgitter
Frauenberatungsstelle
Am Schölkegraben 34

8720 Schweinfurt
Frauenhaus
Postfach 4162
09721/165 98
Di 14–17 Uhr

6720 Speyer
Hilfe für sexuell mißhandelte
Mädchen, c/o Frauenzentrum
Herdstr. 7
06232/288 33

3060 Stadthagen
Frauenzentrum
Windmühlenstr. 31
05721/910 48
Mo–Fr 10–12 Uhr
Mo–Fr 15–17 Uhr
außer Mittwochnachmittag

7000 Stuttgart 1
«Wildwasser» c/o Frauenzentrum
Kernerstr. 31
0711/296 432
Mi 18–20 Uhr

7000 Stuttgart
KOBRA evang. Beratungsstelle
für sex. mißbrauchte Mädchen
Gerokstr. 8
0711/243 865
Mo–Fr 9–17 Uhr
ab 1/89 Mädchenhaus

6330 Wetzlar
Mädchen-Beratung
Kornmarkt 6
06441/451 07

6200 Wiesbaden
Wildwasser Wiesbaden
Walluferstr. 1
06121/808 619

8700 Würzburg
Notruf und «Wildwasser»
Petrinistr. 15
0931/284 180
1./3. Di/Monat 20–22 Uhr
Do 9–11 Uhr

5600 Wuppertal
AG sex. Mißbrauch
«Dröppel-Femina e. V.»
Am Brögel 1
0202/877 07

5600 Wuppertal
Frauen-Beratung
Kieselstr. 41
0202/423 946